KB019135

강요하는 초보 감동시키는 프로

KOKORO DE WAKARUTO KANARAZU HITO WA NOBIRU
by Haruhiro Kinoshita
Copyright ⓒ2004 by Haruhiro Kinoshita All rights reserved.
Originally Japanese edition published by SOGO HOREI PUBLISHING CO.,LTD.

Korean translation rights arranged with SOGO HOREI PUBLISHING
Korean translation copyright ⓒ2004 by EINBAUM/NAMUHANGURU

이 책의 한국어판 저작권은 나무한그루가 소유합니다. 신 저작권법에 의하여
한국 내에서 보호를 받는 저작물이므로 무단전제와 무단복제를 금합니다.

강요하는 초보
초보
감동시키는
프로

기노시타 하루히로 지음

김혜숙 옮김

나무한그루

강요하는 초보 감동시키는 프로

지은이 | 기노시타 하루히로
옮긴이 | 김혜숙

펴낸이 | 우지형
기　획 | 김수광, 곽동언
마케팅 | 정재한
디자인 | 이수디자인

펴낸날 | 2004년 11월 10일 (초판 1쇄)
펴낸곳 | 나무한그루
등록번호 | 제 313-2004-000156호

주소 | 서울시 마포구 동교동 165-8 엘지팰리스빌딩 727호
전화 | (02)333-9028
팩스 | (02)333-9038
이메일 | namuhanguru@empal.com

ISBN 89-955450-2-X

값 | 12,000원
*잘못 만들어진 책은 구입하신 서점에서 교환해 드립니다.

"영혼을 뒤흔드는 6가지 감동지도법"

CONTENTS

프롤로그

이 책을 손에 들고 있는 교육 관계자 여러분에게 하고 싶은 말이 있다.

"학생이 의욕을 갖지 못하는 것은 교사 책임이다!!"

이 책을 손에 들고 있는 회사 관계자 여러분에게 하고 싶은 말이 있다.

"부하가 의욕적으로 일하지 못하는 것은 상사 책임이다!!"

이 책을 손에 들고 있는 부모에게 하고 싶은 말이 있다.

"아이가 반듯하게 자라지 못하는 것은 부모 책임이다!!"

나는 16년 동안 학원 강사로 일하면서 경영에도 참여했다. 이런 경험을 통해 여러분에게 해주고 싶은 말이 있다.

윗사람은 아랫사람을 잘 이끌어갈 의무가 있다. 하지만 윗사람이 아랫사람을 '잘 이끌어가기'란 그리 만만치 않다.

"자! 이제 수업 시작한다. 모두 자리에 앉아! 책을 펴라!"

선생님은 학생들에게 항상 이렇게 말한다.

"이봐! 기획안은 도대체 언제 완성되는 거야?"

상사는 부하 직원에게 항상 이렇게 말한다.

"얘! 너 아직도 컴퓨터게임 하고 있니? 제발 공부 좀 해라. 나중에 후회하지 말고!"

부모도 자식에게 항상 이렇게 말한다.

그러던 어느 날 그들은 문득 생각한다. 자리에 앉거나 책을 펴거나 일을 빨리 처리하거나 공부하는 것은 모두 자신이 바라는 일이지 상대가 원하는 일이 아니다.

야단을 맞는 당사자도 사실 머리로는 알고 있다. 수업이 시작되었으므로 자리에 앉아야 한다는 것, 일을 빨리 처리해야 한다는 것, 공부해야 한다는 것을 머리로는 알고 있지만 행동으로 연결시키지는 못한다. 도대체 왜 그럴까?

어느 날 갑자기 깨달았다.

그것은 마음이 이해하지 않기 때문이다!

사람은 머리로는 알아도 마음으로 이해하지 않으면 행동할 수 없는 생명체다!

그날부터 곰곰이 생각했다.

'마음으로 이해해서 행동한다는 것은 도대체 무엇일까?'

그리고 마침내 키워드를 찾아냈다.

'감동!'

감동의 어원은 '감즉동(感卽動)'으로 '느끼고(感)', '즉(卽)', '움직인다(動)'는 뜻이다.

요컨대 눈앞에 가로막힌 장벽을 뛰어넘는 의미를 '감동'과 함께 전달하면 된다는 말이다!!

그렇다면 어떻게 해야 사람을 '감동' 시킬 수 있을까?

나는 의문을 풀기 위해 다각도로 노력했다. 수많은 좌절이 있었지만 잘 진행되는 일에는 공통된 '방정식'이 있음을 발견했다.

이 책에는 그 방정식을 '사례'와 함께 기록했다.

'학생 지도가 생각대로 되지 않는 선생님'

'부하 지도에 애를 먹는 상사'

'자녀 교육에 한계를 느끼는 부모'

이런 사람들은 이제까지 잘 되지 않았던 방법은 버리고 이 책에 수록된 접근방식을 시도해보기 바란다.

나는 학원이라는 무대에 서 있었는데 그곳은 세상에 수없이 많이 존재하는 무대 중의 하나에 지나지 않았다.

따라서 내가 발견해낸 '방정식'을 그대로 적용해도 일이 잘 진행되지 않을 때도 있을 것이다. 하지만 '방정식'을 구축하는 '사고방식'은 모든 활동 무대에서 효력을 발휘한다고 확신한다. 부디 자기 나름의 방식을 연구하고 실천하기 바란다.

나는 현재 교육자로서의 경험을 살려 학생 지도의 실천적인 노하우를 선생님들에게 전수하는 세미나와 강연회를 일본 전역에서 열고 있다. 내 활동을 여러 선생님들이 지지해주고 있는데 그렇다고 내가 잘났다는 말은 아니다. 늘 이 책에 써 있는 대로 행동하는 높은 인격을 지니고 있지도 않다.

하지만 나는 무언가 깨달았을 때 의도적으로 접근방식을 바꾸려는 노력은 하고 있다.

이렇게 하면 조금씩이지만 반드시 변화가 일어난다.

이 책이 독자 여러분의 폭넓은 인간관계와 행복한 미래를 설계하는데 도움이 된다면 정말 기쁘겠다.

1장
사람을 가르치고
발전시키는
힘은 '감동' 이다

'사람은 눈물을 흘려야 성장한다.'
울 정도의 감동을 체험하면 무엇이든
자발적으로 노력하게 된다.

1. 사람의 마음은 처음에 확 사로잡아야 한다!

최악의 상황에서 마음의 한복판을 장악한다

"뭐 하는 거야!"

나는 큰소리를 치며 내 앞에 있는 책상을 발로 차서 쓰러뜨렸다. 그 지역에서 말썽꾸러기가 많기로 소문난 남학교의 떠들썩하던 교실이 한순간에 조용해졌다.

"너네, 좋아하는 여자 있냐?"

첫대면하는 학생들에게 오사카 사투리로 말했다. 나는 오사카에서 태어나고 자랐으며 싸움에는 자신이 있다. 아니, 사실 싸움은 못한다.

이야기 방식은 부드러운 편으로 평소에는 절대로 이렇게 고함치지 않는다. 게다가 책상을 발로 차는 행동은 하지 않는다. 일부러 겁주려고 그런 건 아니다.

나는 학창시절부터 입시학원에서 강사로 일했다. 효고현 니시노미야시에 있는 유명 입시학원으로 간사이 지방에서는 규모가 꽤 큰 곳이다. 나는 어린 학생들의 학력을 향상시키고 그들이 의욕을 낼 수 있도록 노력했다.

2001년에 학원을 퇴직한 후에는 이제까지 쌓아왔던 독자적인 학습 지도 노하우를 교사들에게 전수하기 위해 강습회, 연수회를 여는 등 여러 가지 활동을 하고 있다.

그런데 웬일인지 "학생들이 학습 의욕을 가질 수 있도록 기노시타 하루히로 씨가 직접 이야기해주십시오"라는 의뢰가 많이 들어왔다. 솔직히 이런 역할은 내가 교사에게 바라는 부분이라고 말하고 싶은 적도 있다. 아무튼 앞부분의 교실 풍경도 남자고등학교 교사가 '꼭 와달라'고 요청해서 갔을 때의 일이다.

학생들의 짓궂음은 예상보다 심각했다.

"태도가 불량하면 이야기를 도중에 그만두어도 됩니다."

미리 교사들이 신경 써서 알려주었다. 하지만 막상 이야기를 시작하고 보니 학생들이 나를 너무 무시했다. 반수는 돌아서서 장난을 치며 떠들었고 나머지 반수는 그들을 상대하고 있었다. 내 이야기를 듣는 학생은 아무도 없었다. 그래서 엉겁결에 나답지 않게 난폭한 '인사'를 했다.

공부는 사랑하는 사람을 지키기 위해서 한다?

'좋아하는 여자'라는 단어에 즉각 효과가 나타났다. "여자친구가 있는 사람 손 들어봐"라고 하자 몇 명이 손을 들었다. 이렇듯 반응이 있으면 최초의 '장악'은 성공이다. "오~!"라며 부러움 반 놀림 반 탄성이 터져 나오고 분위기가 달아올랐다. 학생들의 바뀐 태도에 오히려 내 자신이 놀랄 정도였다.

나는 이야기를 계속했다.

"그런데 여자랑 자면 어떻게 되지?"

그 자리에 참석한 교사들의 얼굴빛이 마음에 걸렸지만 이야기를 계속 했다.

"아이가 생겨요."

"그래. 그럼 아이가 생기면 내다버릴 건가?"

그러자 교실이 쥐 죽은 듯 조용해졌다.

"그래서는 안 되겠지?"

"……."

"남자는 말이지. 좋아하는 여자가 생겨서 그녀가 임신하고 아이를 낳게 되면 그때부터는 사랑하는 사람을 지켜줘야 해. 어떻게 하면 지켜줄 수 있을까? 오늘 난 그 이야기를 하러 왔어."

남녀관계를 초월한 가족의 문제다. 가족을 지키려면 일하고 돈을 벌어야 한다. 그러기 위해서는 지금 하는 공부가 중요하다며 친절하게 설명해 주었다.

학생들은 끝까지 내 이야기를 잘 들어 주었다. 나는 학원강사를 오랫동안 하면서 어떤 확신을 갖고 있다. 약간만 연구해서 열정적으로 이야기하면 어떤 학생이든 마음을 열고 공부에 흥미를 느낀다고 굳게 믿고 있다.

나는 다소 '비교육적'인 소재로 이야기를 시작했다. 듣는 쪽에서 강한 관심을 가질 만한 이야기를 끼워 넣는다는 것이 내 방법 가운데 하나다. 의외로 학교 쪽의 반응도 괜찮았다.

"그런 방법도 있네요. 학생들이 공부에 대해 이제 진지하게 생각하겠군요"

평소 학생 지도에 어지간히 애를 먹었던 모양이다.

그때 문득 떠오른 생각이 있었다. '내가 예전에 얼마나 좋은 환경에서 일했는가' 였다.

오랜 세월 몸담았던 입시학원에서는 적어도 이 학교 학생들처럼 나를 무시하지는 않았다. 마음은 닫아 두었더라도 최소한 얼굴은 내 쪽을 향하고 있었다. 입시학원에서 나는 여러 가지를 배우고 생각하며 실천했다.

2. '감동'은 자신과 남을 발전시킨다

재미있는 수업을 해야 하는 의무

그 입시학원의 이름은 하마가쿠엔이다. 간사이 지방의 명문 중학교와 고등학교 입학을 목표로 하는 유명 입시학원이다. 명문 입시학원은 최고의 합격률을 자랑할 뿐만 아니라 수강료도 매우 비싸다. 단계에 따라 가격이 다른데 가장 비싼 학급은 1개월에 12만 엔을 내야 한다. 그만한 금액을 지불할 가치가 있기 때문에 초등학교와 중학교 수재들이 이곳으로 몰려들었다.

이 아이들은 학교에 있는 시간을 제외하고 하루에 5, 6시간 동안은 저러다 눈에서 피가 나지 않을까 걱정이 될 정도로 필사적으로 공부한다. 그렇게 하지 않으면 합격하지 못할 만큼 명문 사립학교에서 어려운 문제를 출제하기 때문이다.

입시를 앞두고 있는 초등학교 6학년, 중학교 3학년 학생은 컴퓨터게임도 하고 싶어하고 만화도 보고 싶어한다. 또 친구들과 놀러 다니고도 싶어하고 부모에게 어리광도 부리고 싶어한다. 이런 것을 전부 접어두고 입시라는 목표를 향해 돌진하고 있으므로 재미없는 수업은 당연히 괴롭다.

그래서 입시학원 강사들은 학생들이 '재밌다. 오길 잘했어'라고 생각할 수 있도록 재미있는 수업을 하려고 애쓴다.

교육이란 '가르치기'와 '지도하기'다

교육의 세계에는 '가르치기(teaching)'와 '지도하기(coaching)', 두 가지 의미가 있다.

'가르치기'는 알고 있는 사람이 알지 못하는 사람에게 지식을 전수하는 형태로 '~시킨다'라고 생각하면 된다. 공부해라, 잘 들어라, 이것을 해라, 라는 강제적인 느낌이다. '교육(敎育)'의 '교(敎)' 부분을 의미한다.

위에서 명령, 강요하는 행위를 교육의 세계에서는 '강제적인 힘(force)'이라고 부르는데 '가르치기'는 여기에 해당된다.

한편 '지도하기'는 '상대와 같은 처지에서 상대의 능력을 이끌어내기 위해 지원한다'는 의미가 있다. '교육(敎育)'의 '육(育)' 부분을 의미한다. 강요하는 것이 아니라 '지원한다', '이끈다'라고 생각할 수 있다.

'강제적인 힘'과 반대되는 개념으로 '능력 부여(empowerment)'라는 단어가 있다. 스스로 생각해서 움직일 수 있도록 이끄는 힘을 의미한다. 다시 말해 스스로 노력하고 힘을 획득하도록 이끄는 것이다. '지도하기'는 여기에 해당된다.

'가르치기', '지도하기', 두 가지 가운데 어느 한쪽이 옳다는 말이 아니다. '교'와 '육'이 합쳐져 '교육'이 성립하듯 두 가지가 모두 필요하다는 뜻이다.

하지만 윗사람은 아랫사람에게 무심결에 '가르치기'나 '강제적인 힘'만 강조하려고 한다. 결과가 어떻든 일방적으로 '이렇게 해라', '저렇게 해라'라고 말하는 쪽이 편하기 때문이다.

한편 '지도하기'나 '능력 부여'는 상대의 마음을 사로잡지 않고서는 불가능하다. 강제적인 조치가 아니기 때문이다. 여기에는 근본적으로 상대를 사랑하는 마음이 필요하다.

'2대 6대 2의 법칙'이라는 것이 있다. 어떤 조직이든 남에게 강요를 받지 않고 스스로 노력하는 사람은 10명 가운데 2명이 있다. 무슨 말을 해도 끝까지 이해하지 못하는 사람도 2명이 있다. 나머지 6명은 이끄는 대로 따라가는, 즉 '능력 부여'를 받아 노력을 기울이는 사람이다.

하지만 나는 무슨 말을 해도 끝까지 이해하지 못하는 2명도 나머지 6명처럼 의욕을 불러 일으키게 할 수 있다고 생각한다. 의욕을 불러 일으켜주면 사람은 어떤 경우든 자발적으로 움직여서 노력하게 된다. 회사원은 의욕을 내서 높은 실적을 기록하고 학생은 열심히 공부해서 높은 성적을 낸다. 교육이란 어떤 방식으로 하느냐가 문제다.

강사 평가에서 간신히 60점을 받은 무능한 강사

중요한 것은 구체적인 교육 방법이다. 입으로 말하기는 쉽지만 정말로 학생이 자발적으로 공부하고 싶어지도록 재미있게 강의를 하기란 힘들다. 먼저 강의 시작 벨소리가 울리면 자리에 앉혀야 한다.

내가 있었던 입시학원은 우수하고 의욕이 넘치는 학생들이 많았는데 학력 순위가 낮은 학급일수록 부모의 강요로 마지못해 다니는 학생이 꽤 있었다. 처음부터 모든 학생이 의욕에 넘치지는 않는다.

의욕이 없기 때문에 강의 시작 벨이 울려도 교실에 들어가지도 않으며 자리에 앉지도 않는다. 심지어는 만화책을 보는 학생도 있었다. 웬만해서는 말을 듣지 않았다. 내가 처음 강사를 시작했을 때 이런 학급을 담당했다.

"자, 빨리 자리에 앉아. 책을 펴라. 공책은 아직 꺼내 놓지도 않았군. 아니, 잠깐만! 지금 뭐하고 있는 거냐?"

이런 식으로 학생의 의욕을 불러일으키려고 말했다.

그러나 다른 관점에서 볼 때 이 말은 모두 교사가 학생에게 바라는 것이다. 물론 교사가 학생을 위해서 하는 말도 있지만 학생 스스로 하고 싶어서 하는 것은 아니다.

요컨대 '가르치기'와 '강제적인 힘'이라는 관점에서 학생을 대하는 것이다. 이래서는 학생이 정말로 공부하고 싶다는 생각을 하기 어려우며 학생이 교사의 말을 들으려고 하지 않게 된다. 이 점이 아주 중요하다.

어느 정도 완력이 있는 무서운 교사라면 억지로라도 학생을 자리에 앉히고 공책을 꺼내도록 만들 것이다. 하지만 이래서는 의미가 없다. 학생의 귀는 막혀 있으며 마음에는 단단한 벽이 가로막혀 있기 때문이다. 아무리 열성적으로 무언가 전하려고 해도 그 말은 되돌아오고 마음은 완전히 돌아선다. 부모와 자식, 상사와 부하 등 어떤 관계든 마찬가지다.

내게도 아픈 기억이 있다. 입시학원에서는 2개월에 1번, 학생이 강사를 평가하는 설문조사를 실시했다. 평가는 점수로 매기는데 60점 이하면 쫓겨날 처지에 놓인다. 나도 강사 평가에서 60점을 받고 벌칙 연수를 받고 간신히 해고를 면한 적이 있었다. 심지어는 어떤 학생한테 "우리 성적을 올리고 싶다면 선생님이 먼저 학원을 그만두시는 편이 좋겠어요"라는 말까지 들었다.

진심으로 나를 기다려주는 학생이 없는 교실로 향하는 것이 괴롭고 싫었다. 한번은 나도 모르게 "아무도 내 강의를 귀담아 들어주지 않아요. 이렇게 의욕이 없는 학생들을 가르치다니 난 정말 운이 없습니다"라고 선배 강사에게 푸념을 하기도 했다. 하지만 그 선배는 위로해주기는커녕 호

되게 야단을 쳤다.

"수업은 처음 1분으로 결정된다네. 그 1분 동안 자네는 학생의 마음을 잡지 못했던 거야. 영혼을 흔들지 못했다는 말이지. 그래서 지루한 시간이 된 거고."

선배의 지적은 정확했다. 그리고 계속해서 이야기했다.

"수업은 마음이야. 물론 기술도 중요해. 하지만 마음이 없으면 기술은 생기지가 않아."

강제로 시키면 사람은 아무것도 하고 싶어하지 않는다. 스스로 느껴서 움직여야 한다. 나는 학생을 지도하고 능력을 부여하는 강의를 알지 못했다. 기술도 마음도 없이 학생에게 강요만 하며 지루한 수업을 계속했다.

'무능한 강사'에서 '유능한 강사'로 거듭나다

당시 나는 선배의 지적을 모두 이해하지는 못했다. 하지만 내 강의가 뭔가 잘못되었다는 생각은 했다.

반성하는 마음으로 선배의 강의를 참관하러 갔는데 눈앞이 확 트이는 기분이 들었다. 교실에 들어가는 모습, 가르치는 방식, 주의를 끄는 방법 등 나와는 모든 것이 달랐다. 그때서야 '아, 이런 거였구나' 라고 느꼈다.

벼락이라도 맞은 듯한 충격을 받고는 선배의 강의를 전부 테이프에 녹음해서 매일 출퇴근 길에 전철이나 버스 안에서 들었다. 그리고 나름으로 내 부족한 부분을 철저히 조사하고 다양한 공부를 해서 근본적으로 다시 검토했다.

그러자 몇 개월 후부터 나에 대한 학생들의 평가가 싹 달라졌다. 강사 평가에서 대부분의 학생들이 100점을 주었고 다른 학생들도 99점이나 98점을 주었으며 항상 높은 점수를 유지했다.

덕분에 강사 생활 2년째부터 명문 사립학교를 목표로 하는 최상위 학력의 수험생을 맡게 되었다. 자랑할 생각은 없지만 나는 인기 강사로 거듭났다. 나중에 입시학원 강사를 그만둘 때까지 오랫동안 최상위 학급을 담당했다.

강사시절에 내가 가장 중요하게 여긴 단어는 '감동'이었다. 강의 기술을 이야기하기에 앞서 먼저 학생의 마음을 이해하고 그 마음을 사로잡아 흔드는 일이 얼마나 중요한지를 깨달았기 때문이다. 내게 조언을 해 준 선배의 강의에는 감동의 요소가 듬뿍 담겨 있었다.

감동이란 느끼고 움직이는 것이다. 여기서 느끼는 것은 사람이고 움직이는 것은 마음이다. 감동의 어원은 한자

'감즉동(感即動)'으로 '느끼면 마음이 움직인다'는 의미다. 마음이 움직이면 몸도 움직인다. 즉, 행동으로 나타난다.

사람은 감동을 받은 후 커다란 업적을 이룩한다. 사업가라면 큰 성공을 거둔 대기업 최고 경영자에게 감동을 받아 '좋아, 나도 최고가 되겠다'며 노력한다. 과학자나 음악가, 미술가와 같은 예술가는 그저 머리가 뛰어나거나 재능만 있다고 되는 것이 아니다. 뭔가에 감동하고 자극을 받아 마음이 움직여서 노력했기 때문에 가능한 것이다.

예를 들어 마음으로 느끼지 않은 상태는 이렇다. 부모가 아이에게 "제발 아빠, 엄마 말을 잘 좀 들어라"라고 말했다고 하자. 아이는 머리로는 알고 있지만 좀처럼 실천하지 못한다.

그러나 만일 사고로 부모가 죽게 될 처지에 놓이기라도 하면 아이는 '아빠, 엄마를 살려 주세요. 살려만 주신다면 앞으로 부모님 말씀을 잘 듣겠습니다'라며 필사적으로 기도할 것이다. 다행히 부모가 살아나면 아이는 어떻게 할까? 눈물을 흘리며 감동하고 설령 아주 짧은 기간에 그칠지라도 진심으로 착한 아이가 될 것이다.

이런 경우도 있을 수 있다. 야단 맞을 각오를 하고 있었는데 예상과 달리 부모가 따뜻하게 대해 주어 감동을 받고 정말로 착한 아이로 바뀌는 것이다.

공부도 마찬가지다. 쉬운 문제를 맞혔는데 뜻밖에 선생님이 "오오, 정답이다! 대단해"라고 아낌없이 칭찬을 해주면 쑥스러운 마음이 들면서도 틀림없이 감동을 받게 된다. 우연히 좋은 성적을 냈는데 선생님이 자신보다 더 기뻐하면 그 모습에 감동을 받고 학생이 열심히 공부해서 성적이 향상되었다는 이야기를 종종 듣는다.

학생은 감동을 받은 후 선생님이 좋아지거나 그 과목이 좋아지게 된다. 좋아지게 되면 공부가 하고 싶어지고 성적이 향상된다. 억지로 '공부하지 않으면 안 된다'라고 생각하기보다는 무언가에 마음이 흔들려서 '공부하겠다'고 다짐해야 좀 더 의욕이 난다.

'사람은 눈물을 흘려야 성장한다.'

기쁠 때든 슬플 때든 어떤 상황이든 상관없다. 사람은 울 정도의 감동을 체험하면 무슨 일이든지 자발적으로 노력하게 된다. 재미있는 수업을 연구하는 과정에서 나는 이 사실을 깨달았다.

지금부터 무언가를 느끼게 하고 사람을 움직이게 하는

하나의 도구로서 몇 가지 이야기를 들려 주겠다.

3. 의욕을 불러일으키는 감동적인 이야기

도쿄통신공업 – 출발점은 모두 같다

아이의 마음은 어른과 달리 부드럽고 순수하며 호기심이 가득하다. 학생들에게 수업을 하기 전에 감동적인 이야기를 해주면 커다란 마음의 변화를 보인다. 진심으로 감격하고 무슨 일이든 의욕을 내기 때문이다.

나는 감동을 줄 수 있는 이야기를 십여 년 동안 계속 찾아 헤맸다. 텔레비전을 보거나 신문을 읽으면서 항상 정보에 귀를 기울이며 자료를 쌓아갔다. 하지만 감동적이고 의욕이 솟아나는 소재를 찾기란 쉽지 않았다.

여러 가지 소재 가운데 내가 가장 자주 하는 이야기가 있다. '도쿄통신공업'에 관한 이야기인데 이것을 듣고 의욕을 내는 학생들이 많다.

"도쿄통신공업이란 회사를 알고 있니?"

학생들에게 물으면 대부분 알지 못한다. 도쿄통신공업은 제2차 세계대전이 끝난 후 도쿄 시로키야(白木屋) 백화점 내의 작은 임대 사무실에서 시작했다. 잿더미가 채 복구되지 않은 시대였다.

사원 몇 명이 19만 엔의 자본으로 시작했는데 회사 경영 악화로 여러 번 쓰러질 위기를 겪어야만 했다.

"이 회사가 처음에 무엇을 만들었을까?"

학생들에게 물었다. 그러자 통신기기나 컴퓨터라는 대답이 나왔다.

"그 시대에 컴퓨터가 있었을까?"

"아! 알았어요! 라디오 송수신기요."

"그렇지. 회사 이름에 통신이 붙었으니까 그런 걸 만들었겠지. 전화기 같은 거나."

일부러 잘못된 대답을 유도했다. 하지만 사실은 그렇지 않았다.

"도쿄통신공업은 처음에 전기밥솥을 만들었어."

의외의 답을 이야기하자 학생들이 웅성댔다.

"근데 전기밥솥이 불량품이 너무 많았어. 모두 반품이 되어 파산 위기에 놓이자 자금을 모으고 어떻게든 회사를 이어나가려고 조잡한 전기방석을 만들어 판매한 적도 있었지. 언제 회사가 망할지 모르는 상황이었단다. 그렇게 회사가 어려운 순간에 도쿄통신공업의 최고경영자는 회사를 왜 설립했으며 앞으로 무슨 일을 하겠다는 계획서를 작성했다."

내가 이 말을 해주며 "바보 같다고 생각하지 않니?"라고 하니까 "바보예요, 바보"라고 학생들이 대답했다.

"10년 정도 지난 후 도쿄통신공업은 회사 이름을 바꾸려고 했어. 회사 경영이 탄탄해질 무렵이었지. 은행에서도 불평을 하러 찾아왔어. 자, 생각해 봐. 회사 이름을 갑자기 바꾸면 어느 회사인지 알 수도 없게 되고 명함도 봉투도 다시 만들어야 하니까 쓸데없는 비용이 들어. 그렇지?"

이번에도 학생들은 "맞아요. 바보예요, 비용이 들잖아요"라며 맞장구를 쳤다.

"사람들이 최고경영자에게 회사 이름을 바꾸려는 이유를 물었어. 그러니까 그는 지금 이름으로는 세계적으로 통용할 수 없다고 대답했어. 기껏해야 거래처가 몇 군데밖에 되지 않는 국내 기업이 무슨 세계적으로 통해야 한다는 이야기를 하냐고 비웃었지. 그러나 도쿄통신공업은 회사 이름을 바꿨어. 그런데 너희들 새로 바뀐 회사 이름이 뭔지 아니? …… 소니야."

"정말요?, 우와~!"

학생들은 다시 소란스러워졌다. 여기서 나는 본론을 꺼냈다.

"알겠지? 세계적으로 유명한 소니도 처음에는 도쿄통신공업에서 출발했어. 너희들 당장 시험 점수가 안 좋으면 풀이 죽어 있는데 뭐든지 처음부터 잘 되지는 않거든. 난생 처음 휘두른 방망이에 공이 잘 맞을까? 처음 타 본 자전거가 앞으로 잘 갈까? 아니지. 쓰러지고 상처투성이가 되어도 포기하지 않고 전진하려고 하다 보면 마침내 자전거를 탈 수 있게 되지. 또 안타도 칠 수 있는 거고. 공부도 마찬가지란다."

학생들은 이야기를 듣고 소니의 불굴의 노력과 정신에 마음이 흔들려서 자신도 정말로 뭔가 해내야겠다는 생각을 하게 된다. 소니의 전신인 도쿄통신공업은 보잘것없는 규

모로 흔히 볼 수 있는 회사였다는 사실을 아는 순간 학생들은 자신의 문제에 눈을 돌리게 된다. 그리고 '좋아, 나도 해보자'라고 결심한다.

학생들에게 소니 이야기를 해 주면 몇몇 부모님이 전화를 걸어 온다.

"선생님. 도대체 무슨 이야기를 하셨나요. 아이가 자기도 소니처럼 되겠다며 갑자기 공부를 해요. 기쁘기는 하지만 어쩐지 좀 이상해서요……."

"아뇨. 특별한 말은 안 했습니다. 하지만 소니라면 훌륭한 목표잖아요. 열심히 하라고 하세요."

나는 이렇게 대답한 후 뭔가 다른 이야기도 해 주어야겠다고 다짐했다.

초등학생이 증명한 꿈의 위력

의욕을 내기 위해서는 목표를 갖는 것이 가장 좋다. 인생의 목표를 정하라는 말은 자주 하지만 실제로 목표를 세우고 도달하기란 쉽지가 않다.

목표 설정 단계부터 어렵기 때문이다. 나도 그렇지만 사람은 대개 지금의 자신에게 가능한 눈앞의 목표를 설정하는 경향이 있다. 중학교는 어디를 지원하고 고등학교는 어디, 대학교는……, 라고 그때그때 눈앞의 일만 생각한다. 그래서 중간에 방향을 잃으면 쉽게 좌절한다. 까딱하다가는 '모라토리엄(moratorium.지불유예) 인간'이나 집에 틀어박혀서 나오는 않는 사람이 될 수도 있다.

최종 도달 목표는 처음에 정해 두는 편이 좋다. 먼 미래에는 이렇게 되고 이것을 달성하려면 무엇을 하면 좋을까, 라는 식으로 위에서 내려다본다.

예를 들어 "20년 후 나는 커다란 회사를 가진 부자가 되어 있을 것이다. 그러기 위해서는 10년 전에는 그 일을 시작해야 한다. 일을 시작하기 5년 전에는 이런 공부를 해야 한다……"라고 역산한다. 그렇게 하면 모든 행동에 의미가 생기므로 중간에 쉽게 포기하지 않는다.

하지만 내 이야기를 바로 이해하지 못하고 "최종 목표를 어떻게 정해야 하는지 모르겠어요"라며 멍한 표정을 짓는 학생이 많다.

그때 소개하는 이야기가 있다. 아이치현(愛知縣)의 초등학교 6학년 학생이 졸업을 앞두고 쓴 작문이다. 12세라는 어린 나이인데도 꿈과 목표를 확실히 이야기했다.

'내 꿈은 최고의 프로야구선수다.'

이렇게 시작되는 작문이다. 눈앞에 있는 중학교 입시가 아니라 먼 미래의 최종 목표를 적었다.

'그러기 위해서는 중학교, 고등학교 시절에 전국 대회에서 활약해야 한다. 활약을 하려면 연습이 필요하다.'

백일몽이 아니라 구체적으로 목표를 달성하기 위해 무엇이 필요한지 뚜렷이 자각하고 있었다. 보통 아이들의 꿈과는 뭔가 달랐다. 이어지는 문장에는 이미 실천하고 있는 부분이 드러나 있었는데 가히 초등학생을 뛰어넘는 수준이었다.

'나는 3세 때부터 야구 연습을 시작했다. 3세부터 7세까지 1년에 6개월 정도 연습했지만 초등학교 3학년 때부터 지금까지는 1년 365일에 360일은 맹렬히 연습했다.'

고된 연습과 노력으로 자신감도 생긴 듯했다.

'1주일 동안 친구와 5~6시간만 논다. 열심히 연습하고 있으므로 나는 반드시 프로야구선수가 될 것이다.'

이렇게 주장한 후 좀 더 구체적으로 꿈을 이야기했다.

'중학교, 고등학교에서 활약하고 졸업 후에는 프로야구단에 입단할 예정이다. 그 구단은 주니치 드래곤즈, 세이부 라

이온스, 두 곳 가운데 하나일 것이다. 주니치 드래곤즈의 입단 계약금은 1억 엔이 목표다.'

계약금 1억 엔은 초등학생이 생각할 수 있는 금액치고는 너무 크다. 물론 큰돈을 버는 꿈이 아니라 거기에 걸맞는 선수가 되고 싶다는 의미일 것이다. 중간은 생략하고 감동적인 마지막 부분을 소개하겠다.

'그리고 나는 최고의 선수가 된 후 그 동안 신세를 진 사람에게 초대권을 나눠 주고 그들이 응원해주면 좋겠다는 꿈이 있다. 물론 가장 큰 꿈은 프로야구 선수가 되는 것이다.'

원대한 꿈, 구체적인 방법론, 그것을 실천하는 행동력이 엿보인다. 짧은 작문 속에 성공에 필요한 요소가 모두 담겨 있었다. 게다가 감사하는 마음도 잊지 않았다는 점이 놀라웠다.

나는 이 초등학생의 작문을 복사해서 학생들에게 나누어 주었다. 처음 반응은 그리 신통치 않았다. "이게 뭐야?"라는 정도였다. 독자 여러분 중에는 이미 눈치채신 분이 있으리라 생각한다. 이 작문의 주인공은 스즈키 이치로(鈴木一郎)다. 미국 프로야구 메이저리그 시애틀 매리너스에서 눈부신 활약을 하고 있는 스즈키 이치로 선수가 바로 그 초등학생이다.

비밀을 밝히고 나서 "너네 스즈키 이치로 선수 몰라? 잘 알고 있지?"라고 말하면 학급이 쥐 죽은 듯 조용해진다. 모두 스즈키 이치로 선수를 아주 좋아하기 때문이다. 그리고 나는 학생들에게 말한다.

"이봐. 너희들 꿈은 뭐니? 스즈키 이치로 선수는 초등학교 6학년 때 목표를 정했다. 단지 좋은 대학에 들어가는 것, 큰 회사에서 근무하는 것이 최종 목표라고 하기에는 너무 소박하지 않니? 어떤 길을 걷고 싶어?"

이렇게 말하면 학생들은 자신들의 먼 미래와 목표를 진지하게 생각하게 된다.

매너리즘에 빠졌다면 뜨거웠던 마음을 떠올려라

무슨 일이든 그렇지만 같은 일을 오랫동안 계속하는 사이에 어느 새 '이래도 괜찮은가'라는 생각을 하게 된다. 타성에 젖어서 일하면 좋은 결과를 기대하기 어렵다. 문득 깨달았을 때는 뒤에 들어온 후배에게 추월당한 지 오래다.

나는 학원에서 학생 지도와 더불어 강사 지도를 담당했

는데 이런 함정에 빠지는 강사를 종종 발견한다. 그 상태로 계속 머문다면 머지않아 퇴직을 권유해야 할지도 모른다. 어떻게든 만회할 수 있도록 도와주기 위해서는 최초의 열정과 감동을 상기시켜 주는 수밖에 없다. 나는 이런 강사에게 꼭 해 주는 이야기가 있다.

"선생님은 지켜주어야 할 사람이 있으시죠. 결혼하셨으니 분명히 아이가 있겠죠. 하지만 지금의 성적과 평가로는 앞날을 보장할 수 없습니다. 아이는 도대체 어떻게 하실 생각입니까?"

내가 왜 이런 이야기를 하는지는 그도 잘 알고 있다. 이런 이야기를 꺼내자마자 그의 눈은 이미 붉게 물들기 시작한다. 소중한 존재를 생각하는 마음은 누구나 같다. 나는 처음부터 핵심을 찔렀던 것이다.

"부인은 선생님을 믿고 결혼하셨을 겁니다. 그러나 강사 평가가 계속 안 좋으면 곧 학원을 그만두셔야 할 거예요. 제가 보기에는 선생님 수업은 상당히 훌륭해요. 여러 번 참관해 본 바로는 선생님만이 할 수 있는 뭔가가 있습니다. 그런데 왜 이렇게 평가가 낮을까요? 이대로 가다가는 거리에 나앉게 될 수도 있습니다. 선생님을 믿고 있는 부인과 아이는 어떻게 되는 거죠?"

여기까지 이야기하면 감수성이 풍부한 사람은 눈물을 터트린다. 이때 이야기한다.

"하지만 괜찮습니다. 선생님이라면 잘할 수 있어요. 처음에 어떤 마음으로 강의를 하셨는지 떠올려 보세요. 그리고 지금 말씀해 보십시오."

그러면 그는 잊고 있었던 것을 차례로 생각해 낸다. 옛 기억이 되살아나는 모양이다.

"학생의 흥미를 유발할 수 있는 소재를 수집해서 오늘 수업에서 이렇게 해야지, 저 얘기도 해야지, 라며 많이 연구했습니다. 당시 학생들은 제 이야기를 열심히 들어주었습니다."

모두 처음에는 열정적이었다.

"학생들은 변하지 않았습니다. 변한 것은 선생님이에요. 그렇지 않습니까? 다시 예전처럼 열정적으로 강의해주세요. 선생님의 그 모습을 보고 싶습니다. 선생님만이 할 수 있는 수업 말입니다."

나는 그의 마음에 어떻게든 뜨거운 불을 지펴주고 싶었다.

뭐든지 시간이 지나면 열정을 유지하는 일 자체가 어려워지고 처음에 느낀 감동과 뜨거운 마음을 잃게 된다. 사람의 의욕을 불러일으키려면 어떻게 해야 할까? 이것이 내 영원한 숙제다.

부러지지 않는 철판을 건널지 말지는 자신이 선택한다

인생을 살다 보면 무슨 일이 있어도 자신의 힘을 믿고 노력해야 할 때가 있다.

아이들의 경우 입시가 바로 그때다. 입시 전에 자신의 실력에 불안감을 갖고 자신감을 상실하는 학생이 있다. 자신감을 잃으면 합격할 수 있는 시험도 합격하지 못한다. 그래서 나는 입시철이 되면 '부러지지 않는 철판' 이야기를 학생들에게 꼭 들려준다.

두꺼운 철판 한 장이 지면에 놓여 있다. 폭 2미터, 길이 15미터이고 두께는 60센티미터다. 누구나 이런 철판은 절대로 부러지지 않는다고 생각하기 때문에 "철판 위를 걸어가라"는 말을 들으면 아무렇지도 않게 걸어간다.

하지만 동일한 크기의 철판이 고층 건물의 옥상과 옥상 사이에 놓여 있다면 어떤가? 바람 한 점 불지 않고 철판이

옆으로 날아갈 위험이 없다고 해도 대부분의 사람은 무서워서 그 위를 걸어가지 못한다. 지면에 있는 철판과 같은 철판이므로 부러지지 않을 테고 아무리 생각해도 안전한데도 한쪽은 걸어가고 한쪽은 걸어가지 못한다.

옥상과 옥상 사이에 놓여 있는 철판은 건널 수 있다는 확신이 없기 때문에 걸어가지 못한다. 하지만 지면에 놓여 있는 철판은 건널 수 있다는 확신이 있기 때문에 가능하다. 세상의 모든 다리는 자신감을 가지면 건널 수 있다는 사실을 알기 바라는 마음에 입시철에는 학생들에게 이 이야기를 해 준다.

특별한 이야기가 아니더라도 사람의 마음을 움직일 수 있다

사람의 마음은 예민하기 때문에 사소한 일에도 커다란 변화를 보인다. 아프가니스탄 전쟁이 있었을 때는 학생들에게 평화로운 나라에서 공부하는 행복을 이야기했다. 전쟁으로 부모를 잃거나 부상을 당해 괴로워하는 아이들의 비참한 사진을 보여 주며 이들의 가장 큰 소망은 학교에서 공부하는 것이라고 이야기했다.

그러자 대충 공부해서는 안 되겠다고 생각을 했는지 학

급 분위기가 확 달라졌다. 자칫 설교라고 느낄 수도 있는 이야기인데 의외로 학생들이 숙연하게 받아들였다.

어머니가 자신의 용돈을 아껴서 학원에 보내준 이야기도 한다. 억지로 공부하러 온 학생도 이 이야기를 들으면 좀 더 노력하려고 한다.

심리학에서 '마시멜로(marshmallow) 실험'이란 것이 있다. 스탠포드대학에서 네 살짜리 아이들에게 실험을 실시했다. 마시멜로를 아이 앞에 놓고 실험자가 "지금 먹어도 괜찮지만 내가 방에서 나올 때까지 먹지 않고 기다리면 나중에 하나 더 줄게"라는 말을 하고 사라진다.

실험자가 방에서 나올 때까지 참고 기다리는 아이와 참지 못하고 마시멜로를 먹은 아이로 나누어졌다. 실험 대상이 된 아이들을 14년 동안 추적 조사를 했더니, 실험 당시 참고 있었던 아이는 줄곧 학교 성적도 좋았고 일도 열심히 했다고 한다.

조금만 참으면 나중에 몇 배의 기쁨이 되어 돌아온다는 이야기다. 그래서 아이들에게 공부 안 하고 놀러 다니고 싶은 욕망인 마시멜로를 지금 먹을 것인지, 오늘 해야 할 공부를 하고 나중에 먹을 것인지를 물으면 모두 나중에 먹겠다고 대답한다.

나는 아이들에게 '통학 시간' 이야기도 한다. 집에서 학교까지, 학교에서 집까지 걸리는 시간을 더한 후 1년치를 계산하면 상당히 긴 시간이 나온다. 그러면 학생들은 새삼 낭비하는 시간에 대해 실감한다. 그 시간을 공부에 사용하면 얼마나 효과적인가, 라는 이야기인데 예상보다 학생들 반응이 좋다. 이렇듯 조금만 연구해도 아이들에게 크게 자극을 줄 수 있다.

나는 사람을 감동시키는 소재를 여러 가지 알고 있는데 대부분 평범한 이야기다. 특별한 이야기가 아니더라도 한 단면을 연구함으로써 사람의 마음을 움직일 수 있다. 상대가 이야기를 듣고 감동한다면 대성공이다.

4. 믿기 어려운 힘을 만들어 내는 '감동의 위력'

감동하는 만큼 합격한다!

나는 학원 강사 생활의 마지막 몇 년 동안 감동과 관련된 신비한 현상을 발견했다. 아이들에게 시험 직전에 감동을 주면 합격률이 높아진다는 것이다.

왜 그런지는 알 수 없다. 얼마나 정확한지는 증명하기 어렵지만 그런 경향이 있음은 분명하다.

감동을 주었다고는 하지만 내가 특별히 어떻게 하는 것은 아니다. 입시를 앞두고 1년 동안 필사적으로 노력하는 수험생에게는 강사들도 열정을 쏟게 된다. 입시 당일 아이들을 한 곳에 모아 두고 마지막으로 진심을 담아 이야기한다.

"오늘은 멋진 무대가 준비되어 있어. 지금까지 공부한 것을 쓰기만 하면 돼. 결과가 안 좋아도 괜찮다. 노력했다는 자체가 훌륭한 거야."

내 머리 속에는 열심히 했던 아이와 그렇지 않았던 아이의 모습이 스쳐 지나간다. 강사가 보기에 열심히 하지 않았던 아이는 자기 자신도 노력하지 않았다는 사실을 알고 있다. 따라서 시험 직전에 그 동안 나름으로 열심히 했다고 생각하도록 만들어야지 그렇지 않으면 싸우기도 전에 패배하고 만다. 어쨌든 여기까지 왔으므로 자신이 했던 공부에 자신감을 갖고 모든 힘을 발휘하도록 도와 주어야 한다.

"이곳에 있다는 자체가 대단한 거야. 숙제를 게을리 했던 적도 분명히 있었어. 그래도 시험장까지 나왔잖아. 강의를 들었다는 것은 공부를 했다는 증거야. 아무나 그럴 수 있는 게 아니란다."

이것은 거짓말이다. 열심히 하는 학생은 얼마든지 많다. 하지만 입시 당일에 나는 그렇게 말한다.

"그런데 여기까지 올 수 있었던 건 너희들 힘만은 아닐 거야. 누구 힘을 빌렸다고 생각하니?"

이렇게 물으면 아버지, 어머니라는 대답이 나온다. 중학교 입시에는 시험장까지 따라 오는 부모가 많다. 그때 나는 말한다.

"그래. 이제 곧 시험장에 들어가야 하는데 그 전에 1분 동안 아버지, 어머니에게 고맙습니다, 열심히 하겠습니다, 라고 인사를 하고 와라. 이 말을 하면 시험 결과는 문제없어."

아이들은 흩어져서 각자 부모님에게 "고맙습니다"라고 인사를 한다. 이 말을 듣고 부모님은 눈물을 흘리고 그 모습을 보고 아이도 따라 운다. 감동의 눈물을 흘리고 있는 것이다. 나는 "힘내라. 온 힘을 다해 싸우고 오라"며 아이들에게 뜨거운 박수를 보낸다.

어떤 결과가 나올까? 놀랍게도 합격과 불합격 확률이 반반이었던 아이가 멋지게 합격한다. 이유는 모른다. 다만 감동의 위력이 어딘가에서 크게 작용했다고 생각한다.

예상하지 못했을 때 감동한다

강사는 수험생을 위해서라면 뭐든지 최선을 다한다. 어느 해에는 이런 일이 있었다.

내가 몸담았던 입시학원의 학생은 나다중학교, 나다고등

학교를 비롯해서 간사이 지방의 학교를 목표로 삼았다. 하지만 그 중에는 멀리 떨어진 도쿄에서 시험을 치르는 학생도 있었다. 인원이 많으면 시험 당일에 강사가 인솔해서 가지만 3~4명 정도면 각자 갈 때가 많다.

그 해 도쿄의 고등학교를 지원하는 아이가 있었는데 강사가 "미안하다. 네가 시험치는 날 아무도 따라가지 못한다"라고 전했다. 시험날짜가 겹쳐서 여러 가지 검토를 했지만 강사가 도쿄에 따라가지 못한다고 설명했다.

생각대로 그 학생은 슬픈 얼굴을 했다. 시험 전 학력 진단에서 그 학생은 아슬아슬한 선에 있었고 어쩌면 떨어질 수도 있다는 예측을 했다. 게다가 도쿄까지 혼자 가서 시험을 치러야 한다는 부담감이 컸다. 하지만 나는 단호하게 말했다.

"분명히 말하지만 따라갈 수 있는 강사 수가 많지가 않아. 수험생 비율로 따져 봤을 때 아무래도 아이들이 많은 곳으로 따라가게 되거든. 네가 이해해주기 바란다. 절대로 혼자라고 무시하는 것은 아냐. 단지 무게 중심이 그곳으로 향한 거지."

이런 사실을 숨기면 학생은 상처를 받는다. 어른 대접을 해서 정직하게 말하는 편이 좋다. "가지는 못하지만 최대한 응원할게. 담당 강사가 밤에 전화할 거고 모닝콜도 해 줄 테니까"라며 그 학생이 투숙하는 호텔을 알아두었다.

학생이 도쿄 호텔에 투숙하고 입시 전날 약속대로 강사가 전화를 했다.

"그래, 어때? 기운내라. 우리는 이곳에서 열심히 응원할게. 멀리 떨어진 오사카 하늘 아래서 우리가 기도해 줄게. 힘내!"

학생은 시험장으로 향한다.

그런데 예상하지 못한 일이 기다리고 있었다. 시험장 문에 다다랐을 때 "이봐, ○○"라고 자신을 부르는 소리에 학생은 깜짝 놀란다. 오사카에 있다고 생각한 강사가 바로 자기 눈앞에 있었다. 강사는 입시학원 점퍼를 입고 "왔구나! 힘내!"라고 말했다.

깜짝 놀란 학생은 "열심히 하겠습니다"라고 대답하는데 두 눈은 이미 붉게 물들어 있었다. 학생은 눈물을 보이지 않으려고 얼굴을 손으로 가리고 울었다.

학생을 위해서라면 뭐든지 한다

실은 각 시험장에 따라가는 강사를 정할 때 숫자를 잘못 계산해서 한 사람이 남았다. 그래서 이 강사를 어떻게 활용해야 할까 연구했던 것이다.

그 학생에게는 아무 말도 하지 않고 강사를 도쿄로 보냈다. 전날 저녁과 시험 날 아침에 걸었던 전화는 오사카가 아니라 도쿄에서 한 것이다. 아침에 학생이 부모와 함께 호텔에서 나온 것을 확인한 후 강사가 재빨리 시험장 앞에서 기다리고 있었다.

강사는 학생을 격려하고 바로 오사카로 돌아왔지만 그 정도면 충분했다고 생각한다. "네 얼굴을 한번 보러 왔어. 나는 이제 오사카로 돌아간다. 힘내!"라고 말하면 학생도 부모도 "아, 일부러 여기까지 와주시고……"라며 크게 감격한다. 강사는 학생에게 힘이 되는 일이라면 뭐든지 한다.

그 학생은 시험에 멋지게 합격했다.

'친구들은 오사카에서 열심히 하고 있다. 너는 도쿄에서 노력하고 있고. 주위에 모르는 애들만 있지만 너를 염려하는 사람이 여기 있다.'

이런 메시지를 받고 커다란 감동을 받았던 것 같다.

매년 합격 체험담을 실은 학원 책자에 이런 경험으로 가슴이 뜨거워진 아이들이 자신의 심정을 적어 놓았다.

'선생님의 웃는 얼굴과 따뜻한 손을 평생 잊을 수 없다'는 감동적인 글은, 읽는 사람도 감동하게 만든다. 내가 '감동', '감동'을 강조하는 이유를 조금은 이해할 수 있지 않은가?

2장
'가르치는 능력'을
비약적으로
향상시키는 법

감동을 주려면 사람을 움직이려는
마음이 있어야 하고 기술도 있어야 한다.
처음에 좋은 인간관계를 구축해 두면 다음에
무슨 일을 하든 훨씬 편해진다.

1. '잘 가르치는 법'을 직접 경험하다

처음으로 알게 된 '수업의 재미!'

나는 대학에 들어가기 전부터 가르치는 일에 관심이 많았다. 사실 나는 대학 입시에서 사수를 한 경험이 있다. 생각만 해도 끔찍하다. 고등학교 때 전혀 공부를 하지 않았고 성적도 당연히 나빴다.

특히 화학 성적이 안 좋았다. 유급을 당할 뻔했지만 보고서 제출로 간신히 고등학교를 졸업할 수 있었다. 대학입시에 처음 도전했을 때는 당시 공통 1차 시험, 요즘으로 말하면 센터시험(한국의 수능시험에 해당-역주)에서 화학을 선택했다. 지금도 내 스스로 이해하기 어려운 부분이다.

다른 과목 역시 거의 공부를 하지 않았기 때문에 대학에 합격할 리가 없었다. 실력도 없는 상태에서 나는 감히 교토대학(京都大學)을 지원했다. 공통 1차 시험에서 화학이 27점이었다는 사실을 아직도 기억하고 있다. 나는 형편없는 성적을 받고 교토대학 입시에서 떨어졌다.

S 재수학원에 들어가서도 다시 화학을 선택했다. 나는 사수를 했는데 재수를 할 때도 여전히 정신을 차리지 못하고 여기저기 놀러 다니느라 바빴다. 학원에 1주일 동안만 열심히 다녔고 그 다음부터는 빠지기 일쑤였으며 공부도 별로 하지 않았다.

아침 10시가 되기도 전에 재수학원 근처 도박장 앞에 서서 문이 열리기만 기다렸다. 나는 전형적인 열등생이었다.

이런 나였지만 열심히 출석한 강의가 하나 있었다. 아이러니하게도 기타야마(北山) 선생님의 화학 수업이었다. 기타야마 선생님이 첫 강의 때 어떻게든 재미있게 가르쳐 주려고 오감을 동원하는 모습을 보고 '이 수업 정말 흥미롭다!'며 감탄했다. 신선한 충격이었다.

기타야마 선생님이 노래를 부르고 춤을 추며 유쾌하게 강의를 하는 덕분에 내용이 머리 속에 쏙쏙 들어왔다. 그는 가르치겠다는 열정이 정말 대단했다. 화학 시간이 너무 재미있어서 1년 내내 한 번도 빠지지 않고 들었다.

다시 도전한 공통 1차 시험에서 그 성과가 나타났다. 화학에서 만점을 받은 것이다. 강의를 열심히 들은 것밖에 없는데 정말 놀라운 결과였다. 나는 기타야마 선생님이 안내하는 화학의 세계로 점차 빨려 들어갔던 것이다.

삼수, 사수할 때도 화학은 공부하지도 않았는데 만점을 받았다. 화학을 열심히 공부했던 시기는 재수할 때였지만 그 이후에도 실력이 사라지지 않았다.

나는 그 시절 '화학이 참 재미있구나' 라고 마음 속 깊이 느꼈다. 그리고 '이런 방식으로 나도 가르쳐보고 싶다' 며 교육에 대해 관심을 갖기 시작했다.

강사 시험에는 합격하고 대학입시에는 불합격하다

내가 재수를 해서 대학입시를 치른 상태에서 고베대학(神戶大學)에 들어간 친구가 아르바이트를 소개시켜 주었다.

"1년 동안 노력했으니까 대학에 꼭 합격할 거야. 미리 아르바이트 자리를 알아 두는 편이 좋아."

합격자 발표가 나기 전이었지만 나도 당연히 교토대학에 붙으리라 생각했다. 때마침 하마가쿠엔에서 강사를 모집하고 있었다. 그 곳은 간사이 지방에서 유명한 입시학원으로 한 번에 합격했다. 하지만 중요한 교토대학 입시에서 고배를 마셨다. 고등학교 3학년 때도 떨어지고 재수를 해서도 떨어졌다. 1년 동안 재수만 하면 붙을 것이라고 제멋대로 생각하고 도박장에서 시간을 낭비했으니 좋은 결과가 나올 리 없었다.

삼수를 하게 되면 수험생 신분이라 학원 강사를 할 수 없다. 다음 번에는 대학에 붙기 위해 열심히 공부했다.

교토대학에 세번째 도전했지만 결과는 참담했다. 사수를 해야 할 처지가 되었다. 반드시 대학에 들어가야 했으므로 국립대학인 교토대학을 목표로 정했던 방침을 바꿔 사립대학에 응시했고 그래서 합격한 곳이 도시샤대학(同志社大學)이다.

그 후 하마가쿠엔의 채용 시험에도 합격해서 떳떳하게 강사 생활과 학업을 병행했다.

강사의 세계는 엄격한 계급 사회

하마가쿠엔은 유명 입시학원이라 강사 채용시험이 어려웠다. 강사가 되고 나서의 승진 과정은 훨씬 험난했다.

나는 처음에 3군에서 시작했다. 여기서 말하는 3군이란 견습강사와 같은 것으로 선배 강사를 보조하는 역할, 시험 감독, 채점을 담당했다.

강사 승진 방식은 학생들의 시험이 끝난 후 문제를 하나 골라 학생에게 푸는 법을 설명하고 그 모습을 선배 강사가 보고 '이 사람은 강사로서 성공할 수 있는가, 없는가'를 판단하는 것이다. 성공할 수 있다고 판단하면 2군으로 승진하는 시험을 치러야 한다.

2군 승진 시험 기회는 한 문제로 결정이 된다. 나는 W 선배 강사 밑에서 보조 강사를 했는데 그가 책임 강사에게 "기노시타 하루히로라면 꼭 성공할 수 있다"라고 말해 주었다. 그때 기억이 아직도 생생하다.

"2군으로 승진하는 시험에 도전해라."

나는 W 선배 강사의 말을 듣고 2군 승진 시험을 치렀고 다행히 합격했다. 하지만 아직도 갈 길이 멀었다.

2군 강사는 경험이 부족하기 때문에 명문 사립학교를 목표로 하는 우수 학생은 지도할 수 없었다. 나다중학교, 나다 고등학교, 고요중학교(甲陽中學校), 고요고등학교(甲陽高等學校)를 목표로 하는 학력 상위 학급은 경험이 풍부한 강사나 유능한 1군 강사만 맡을 수 있다. 강사의 세계는 엄격한 계급 사회다. 2군에서 1군으로 승진하기 위해서는 학생들의 강사 평가에서 높은 점수를 얻어야 한다. 고득점을 오랫동안 유지하면 1군 강사로 승진한다.

반대로 강사 평가 점수가 60점 이하면 앞서 소개했듯이 학원에서 나가야 한다. 유일한 구제방법으로 벌칙 연수가 있다. 이것을 받고 결점을 개선하면 강사로 복귀할 수 있다. 연수 기간에는 보통 임금이 지급되지만 벌칙 연수 기간에는 한 푼도 받을 수 없다.

나도 벌칙 연수를 받았다. 그때 견학을 했던 선배 강사의 멋진 강의는 기타야마 선생님의 화학 강의를 떠올리게 했다. 나는 한동안 기타야마 선생님의 강의에서 받은 감동을 잊고 있었다.

2. 사람을 가르치는 것은 무엇과도 바꿀 수 없는 기쁨이다

동경의 대상인 지도 강사

　최고의 대학 합격률을 자랑하는 하마가쿠엔은 강사 수준
이 높다. 강사 대부분이 학생이라서 마치 대학교 동아리 같
은 분위기가 났다. 하마가쿠엔에는 최고 수준의 강사를 육
성하는 구조가 마련되어 있었다. 여기서는 대학생 신분으
로 강사를 하는 사람을 '학생 강사'라고 부른다. 이런 '학
생 강사'를 육성하는 사람 역시 같은 학원 강사다.

　학생 강사 외에 전업 강사도 몇 명 있는데 이들은 강의를
하는 동시에 관리 업무를 처리하거나 교과과정에 부족한

점이 없는지 살펴보고, 시험 문제를 확인하거나 학원 운영과 관련된 일을 한다.

학원이라는 현장에서 입시생들과 웃고 떠들고 공부하며 강의를 진행하는 사람은 대부분 학생 강사다.

그러나 분위기만 대학교 동아리와 같다. 강사 사이에는 엄격한 서열이 존재했고 가장 높은 위치에 '지도 강사'가 있었다. 지도 강사는 후배인 학생 강사를 지도할 수 있으며 연구회를 직접 주최할 수 있다.

예를 들어 '수학과 연구회를 개최한다'고 지도 강사가 통지하면 서열이 낮은, 이른바 말단 학생 강사는 모두 출석한다. 출석하든 결석하든 자유지만 아무래도 공부하는 편이 승진에 도움이 되고 학생 강사는 전부 좋은 위치에 오르고 싶어하기 때문에 전원 출석하는 것이다.

연구회에서는 지도 강사가 학습 단원마다 무엇을 어떻게 어떤 시기에 확실히 가르쳐 주어야 하는지 알려 준다.

가슴에 '지도 강사'라는 명찰을 달고 있으므로 최고의 강사임을 한눈에 알 수 있다. 학생 강사가 오를 수 있는 최고의 위치가 바로 지도 강사다. 하마가쿠엔의 학생 강사라면 누구나 지도 강사를 동경한다. 이곳에서는 입시생뿐만 아니라 강사들도 엄격한 교육체제에서 육성된다.

학생 강사의 교체로 매너리즘을 방지한다

일반 회사에도 입시학원과 같은 체제를 도입한 곳이 있을 것이다. 학생 강사의 경우 계속해서 세대 교체를 하는 방식을 취한다. 대학생은 보통 4년만에 대학을 졸업하고 의대생은 6년만에 졸업을 하는데 대부분 다른 직장에 취직해서 학원을 떠난다.

우수한 학생 강사라고 해도 짧은 주기로 교체되는 체제다. 아무래도 일반 회사에서는 환영할 만한 체제가 아닐 것이다. 애써 키운 인재를 내보내는 것은 큰 손실이라고 여기기 때문이다.

하지만 나는 세대교체를 긍정적으로 생각한다. 누군가의 자리가 빔으로써 후배는 발전할 수 있다. 그 사람이 후배 강사를 키운 후 학원을 떠나고 다시 후배는 성장한다.

물론 유능한 강사와 비교하면 신입 강사는 기술적으로 미숙하고 학생을 잘 가르칠 수 있을지 불안한 면이 있다. 하지만 신입 강사는 열정적인 자세로 임한다는 장점이 있다.

뜨거운 마음으로 강의를 하기 때문에 절대로 타성에 젖

어 있지 않다. 교육자는 이런 자세가 가장 중요하다.

물론 학생 강사 중에도 열정이 느껴지지 않는 사람이 있다. 놀러 다닐 자금을 마련하기 위해 취미 삼아 일하는 학생 강사는 타성에 젖은 강의를 반복한다. 이런 사람은 강의 전에 "아, 힘들어"라며 한숨을 푹 내쉬면서 자리에서 일어난다.

이런 무기력한 학생 강사를 보고 아이들이 무슨 생각을 할까? 과연 그 모습에 자극을 받아 '좋아, 열심히 공부하자'라고 생각할 수 있을까? 타성에 젖어 반복된 작업을 하면 사람은 성장할 수 없다.

말단 강사에서 노력해서 1군 강사로 막 올라선 학생 강사는 활기차게 강의를 하고 학생들은 그 모습에 자극을 받아 열심히 공부하게 된다. 내가 기타야마 선생님의 화학 강의에서 맛보았던 정열, 재미, 감동을 이들도 느끼는 것이다.

마침내 시급이 만 엔이 되다

순위를 올리기 위해서는 강사 평가에서 높은 점수를 받아야 한다. 높은 점수를 받으면 당연히 시급도 올라간다. 당시 나는 강사 평가에서 100점을 여러 번 획득해서 동경의 대상이었던 지도 강사로 승진했다. 덕분에 시급이 만 엔이 되었던 적도 있다.

학생 강사가 아니라 다른 직업이라고 해도 1시간에 만 엔이라는 금액은 아주 매력적이라고 생각한다. 게다가 여러 가지 수당도 붙었다. 예를 들어 학원에서 최고 실력을 지닌 학생을 대상으로 하는 '최고 단계 특별 지도'라는 강의에는 시간당 500엔의 수당이 붙는다. 그밖에도 다른 수당이 더해져 시간급이 만천 엔, 만이천 엔 정도가 되었다.

요즘에는 그렇게 고액의 시간급을 주는 학원이 없을 것이다. 그 무렵에는 거품경제로 경기가 좋았기 때문에 강사에게 고액의 시급을 지불해도 학원 운영이 충분히 가능했다.

나는 학생인데도 월 30만 엔에서 40만 엔을 벌었다. 동료 학생 강사들은 자동차 등 여러 가지 사치품을 구입했다. 나도 한밤중까지 학원에서 강의를 했기 때문에 어쩔 수 없이 대학교 3학년에 자동차를 샀다.

하지만 강사료는 대부분 학비와 생활비로 썼다. 학원에서 강사 순위를 매기는 것은 내게 절실한 문제였다.

만일 수업이 재미없어서 학생이 한 명이라도 이탈하면 큰일이 난다. 2개월마다 조사해서 학생 수가 줄어들었을 때

시급이 1500엔에서 2000엔이 감액된다. 한 학급당 학생은 40명인데 이 숫자를 유지하기 위해 나는 사활을 걸었다. 그래서 쓸데없이 강사 공부에 매달리기도 했다.

40일 만에 은행을 그만두고 강사로 다시 출발하다

학생 강사로 4년 동안 있다가 대학을 졸업할 때가 되었다. 그 동안 신세를 졌던 하마가쿠엔을 떠나 나는 은행에 취직했다. 은행 지점의 업무부에서 하루 종일 지폐를 셌는데 이 일이 너무 따분했다.

물론 무미건조한 작업이 계속되지는 않을 것이다. 하지만 전에 일했던 입시학원에는 눈물이 있고 웃음이 있고 감동이 있으며 특히 열정이 있었다. 지폐와 숫자를 상대로 하는 일에서는 열정을 느낄 수 없었다. '은행은 내게 맞지 않는다'는 의심이 들기 시작했고 결국 40일 만에 지점장에게 사표를 제출했다.

"이봐, 여기는 운전면허 학원이 아냐. 겨우 40일 동안 은행 업무에 대해 뭘 알았다고 사표를 내지?"

지점장의 말대로 나는 참을성이 부족했다. 하지만 어쩔 수가 없었다.

"아무것도 모르겠습니다. 그래서 그만둡니다."

의미 없는 말을 남기고 퇴직했다. 은행 관계자 분들에게는 죄송하지만 그 일은 내 적성에 맞지 않았다.

나는 취직한 지 40일 만에 실업자가 되었다. 그렇다고 다른 일자리를 구해 둔 것도 아니다. 아침에 집을 나오면서 '사표를 내야겠다' 는 결심을 했다. 사표를 쓰는 법도 몰랐기에 창구 업무를 하는 여자 선배에게 물었다.

"사표를 쓰는 방식 좀 알려주세요"

"뭐라고요?!"

그녀는 깜짝 놀라는 표정으로 말했다.

"사표를 쓰는 게 처음이라서요."

"사표라니 농담이죠. 언제 그만두는데요?"

"지금요."

그렇게 나는 은행에 갑자기 사표를 냈다. 부모님과 한 마디 상의도 하지 않았다. 지금은 모두 돌아가시고 안 계신 우리 부모님은 1급 신체장애자셨다. 아버지는 심한 당뇨병으로 인공투석을 수없이 많이 받으셨고 어머니는 손가락이 구부러질 정도로 심한 류머티즘 환자였다.

이런 부모님에게 은행을 그만뒀다고 이야기하기가 힘들

었다. "저기요. 드릴 말씀이 있어요"라고 말을 꺼낸 후 경위를 설명했다. 부모님은 "뭐야?!"라며 절규에 가까운 소리를 내셨다. 나는 그날 하루 동안 놀라는 소리를 2번이나 들었다.

고지식한 부모님은 은행이 최고의 직장이라고 생각했다. 그래서 내가 은행에 들어가자 식구들은 매우 기뻐했다. 대학입시에서 사수를 했던 내가 은행에 취직하자 마치 야구에서 9회 말 역전 홈런이라도 친 것처럼 좋아했다.

그런데 겨우 40일 만에 그만두었다는 말을 듣고 아버지는 "너 바보냐. 도저히 용서 못하겠다!"라며 몹시 화를 내셨다. 잠시 후 "이제 어떻게 할 생각이냐?"라고 물으셨다.

"미국에 가겠습니다."

나는 무작정 배를 타고 미국으로 떠났다. 선상에서 자유의 여신상을 보았을 때 가슴이 벅차올랐다. 맑게 개인 파란 하늘이 지금도 기억난다. 하지만 '아, 난 일자리를 잃었지. 거품경제로 호황인 지금 나만 실업자구나'라는 생각이 들었다.

지난 세월을 되돌아보며 나는 역시 사람을 상대하는 열정적인 세계를 좋아한다는 사실을 깨달았다. 그리고 가르치는 일을 해야겠다고 마음을 굳혔다. 하지만 어디까지나 마음 속으로 결정했을 뿐이지 취직 자리가 있었던 것은 아니다. 교사자격증이 없었기 때문에 막연히 '학원을 알아봐야겠다'는 생각을 했다.

여행에서 돌아왔더니 식구들이 반갑게 맞이했다.

"좋은 소식이 있다고 네 친구한테 여러 번 전화가 왔다."

나는 친구에게 즉시 연락했다.

"하마가쿠엔에서 다시 오래. 책임자 자리를 마련해 두었대."

아무래도 내가 퇴직했다는 사실을 친구가 학원에 이야기했던 것 같다. 학원에서 학생 강사 시절의 내 성적을 높이 평가해 주었다는 사실이 너무 기뻤다.

그때부터 전임강사 생활이 시작되었다.. 더군다나 급료가 월 60만 엔이었다. 은행에서 첫월급으로 17만 엔을 받았고 학생 강사 시절에는 월 40만 엔 정도였다. 나는 돈 때문에 학원으로 돌아간 것은 아니다. 정말로 하고 싶은 일을 즐겁게 하기 위해서였다. 나는 항상 교육에 대해 진지하게 생각했다. 그리고 감동의 위력이야말로 사람의 의욕을 불러일으키는 중요한 근본이라고 확신한다. 사람은 마음으로 움직인다. 마음을 움직이게 하면 사람은 움직인다.

3. 어떻게 하면 사람의 능력을 향상시킬 수 있을까?

감동을 연출하는 패러다임 시프트

어떻게 하면 사람은 느끼고 움직이는가? 나는 감동에 커다란 패러다임 시프트(paradigm shift)가 필요하다고 생각한다.

잔뜩 기대를 하고 영화를 보러 갔는데 너무 시시해서 실망한 경험은 누구나 한번쯤 있을 것이다. 재미있을 것이라 생각했는데 지루한 경우에는 실망이 아주 크다.

반대로 지루할 것이라 예상했는데 의외로 재미있을 때도 있다. 우연히 본 영화가 재미있으면 감동을 느끼게 된다. 당신도 기대 이상의 감동을 받고 주위사람에게 그 영화를 권한 경험이 있지 않은가? 이것도 패러다임 시프트 가운데 하나다.

　패러다임 시프트란 무엇인가? '패러다임(paradigm)'은 보통 '유형', '전형', '이론적인 틀'로 번역되고 사회에서는 '고정된 관점'이라는 의미로 사용된다. 예를 들어 '수업=지루하다', '상사=벽창호'라는 믿음은 일종의 패러다임이다. 그리고 '시프트(shift)'는 '전환', '변천'이라는 의미다.

　종합해 보면 패러다임 시프트는 '고정된 관점이 모두 전환되는 것'을 말한다. 즉, '믿음이 뒤집어지는 것'이라고 할 수 있다.

　'수업=지루하다'는 패러다임이 '수업=재미있다'로 전환될 때 사람의 마음에는 감동이 생겨나고 사람을 움직이게 한다. 재수학원에서 처음으로 재미있다고 생각한 기타야마 선생님의 강의에는 커다란 패러다임 시프트가 있었다. 나는 기타야먀 선생님의 강의에 감동하고 공부에 의욕을 불태웠다. 감동의 근원에는 패러다임 시프트가 존재한다.

　이런 전환 정도가 클수록 감동도 커진다. 큰 감동을 주기 위해서는 커다란 의외성, 패러다임 시프트를 일으킬 필요가 있다.

패러다임 시프트가 일어나는 상황은 여러 가지가 있는데 다음 세 가지가 대표적이다.

1. 무의미 → 의미 부여

지금까지 무의미하다고 여겼던 것에서 의미를 발견했을 때다. 예를 들어 추리 드라마에서 아무것도 아닌 장면에 사실은 복선이 깔려 있고 마지막에 그것이 수수께끼를 푸는 실마리임이 밝혀졌을 때 엉겁결에 "아, 그랬구나!"라며 무릎을 치며 감탄하게 된다.

2. 복잡함 → 단순함

언뜻 복잡해 보였던 것이 사실은 단순한 경우가 있다. 복잡한 일에서 '핵심은 이것이다'라고 깨달을 때 감동은 커진다.

3. 보이지 않는다 → 보인다

추상적이고 무미건조하다고 생각하기 쉬운 수학의 확률 문제도 구체적으로 돈을 버는 데 응용할 수 있다는 사실을 알면 감탄하게 된다. 보이지 않던 것이 갑자기 보이므로 눈이 확 트이는 기분이 든다.

기존의 고정관념, 패러다임이 무너지고 대신 다른 가치관이 생겨났을 때 사람은 감동한다.

사람의 관심을 끄는 이야기 방식

예를 들어 내가 강연회를 열었다고 하자. 패러다임 시프트가 있는가 없는가에 따라 듣는 사람의 행동은 완전히 달라진다. 먼저 패러다임 시프트가 없는 경우다.

……안녕하세요? 여러분은 아침에 일어나서 자녀에게 활기차게 인사합니까? 아침에는 인사를 확실히 해야 합니다. 아침은 하루 가운데 가장 중요한 시간이기 때문입니다……

보통 강연회에서는 이야기를 메모하는 사람이 많다. 하지만 이런 말을 필기하는 사람은 거의 없다. 전혀 새로울 것이 없기 때문이다. 하지만 다음과 같이 이야기하면 상황은 달라진다.

……아침에 자녀에게 큰소리로 "안녕, 오늘도 활기차게 지내자"라고 인사하신 분 있습니까? 저런, 손을 드신 분이 없네요. 설마 아침에 "빨리 일어나! 밥 차려 놨어! 어서 먹어라. 늦겠다!"라고 말하는 집은 없겠죠……

이런 식으로 말하면 여기저기서 웃음이 터져 나온다. 강연회는 처음부터 휘어잡아야 한다. 패러다임 시프트에는 '재미 패러다임 시프트(fun paradigm shift)'가 있다. 'fun'

은 '장난', '재미'라는 의미다. 딱딱한 이야기가 나오리라 생각했는데 의외로 소박한 웃음을 주어 본론에 대한 흥미를 이끌어 낸다.

그 후 정말로 흥미를 유발시키는 부분이 필요하다. 나는 이것을 '흥미 패러다임 시프트(interest paradigm shift)'라고 부른다. 'interest'는 '관심', '흥미'를 의미한다. 강연에서 말하면 이야기의 본론과 관련된 부분이다.

······여기서 '아침 조(朝)'라는 한자를 살펴봅시다. '조(朝)'는 '시월십일(十月十日)'이라는 구조로 이루어져 있어요. 어머니 뱃속에서 아이가 자라는 기간을 뜻합니다. '아침 조'에는 새로운 생명의 숨결이 들어 있습니다. 그러니까 아침에는 자녀에게 "안녕, 오늘도 활기차게 지내자"라고 인사하시기 바랍니다······.

이렇게 설명하면 어떨까? '시월십일'을 메모하는 사람이 나온다. 특별한 의미가 없어 보이는 한자 속에 의미를 찾아내는 패러다임 시프트다. 사람은 감동이 없으면 메모를 하지 않는다.

사실은 '아침 조'라는 한자에 아이를 억지로 갖다 붙여 설명한 것이지만, '아침 조'에 '시월십일'이라는 의미를 부여하면 자발적으로 메모하게 된다. 패러다임 시프트가 없으면 "메모해 주세요"라고 부탁해도 '왜 이런 걸 일일이 메모하라고 하지'라며 귀찮게 생각한다.

패러다임 시프트는 어려운 것이 아니다. 학교라면 선생님이 교실에 들어가서 "자, 열심히 하자!"라고 활기차게 이야기를 꺼내면 된다. 수업이 따분하다고 생각하는 학생에게 패러다임 시프트가 생기게 한다. 학생은 '어쩌면 재미있을지도 모르겠다'라며 흥미를 갖게 된다. 이것이 '재미 패러다임 시프트'다.

그리고 중요한 것은 수업을 좀 더 듣고 싶게 만드는 '흥미 패러다임 시프트'다. 선생님은 교과 내용에 흥미를 유발시켜 학생이 수업을 듣고 싶게 만들어야 한다. 선생님의 능력이 필요한 순간이다.

꿈은 소리내서 10번 말한다

나는 입시를 코앞에 두고 불안해하는 수험생에게 이런 이야기를 한다.

"내일은 드디어 입시날이다. 어때? 자신 있어? 없다고? 안 돼. 자신감이 얼마나 중요한데. 승부를 결정하는 것은 자신감이란다. 내가 자신감을 갖는 방법을 알려 줄게. 아침에 일어나서 거울 앞에서 싱긋 웃어 봐. 큰소리로 합격한다! 꼭 합격한다! 라고 외쳐. 이 말을 10번 반복해라. 정확히 10번이야."

그러면 학생은 왜 10번이냐고 묻는다. 나는 기다렸다는 듯이 답한다.

"당연히 10번이지. 너는 합격이라는 꿈을 이루고 싶지. 꿈을 이룬다는 의미를 지닌 한자 '화합할 협(吅+)'은 '입 구(口)'에 '열 십(十)'이 있어. 그러니까 10번 소리내서 말하면 꿈은 이루어진다."

이것 역시 억지로 갖다 붙인 이야기다. 하지만 여기에는 패러다임 시프트가 있고 작은 감동이 있다. 정말로 꿈을 소리내서 10번 말하면 합격할지도 모른다는 생각이 들기 때문이다. 그 위력은 대단하다.

"마지막으로 당부한다. 하지만 절대로 11번 말해서는 안 돼. 11번 소리내서 말하면 '토할 토(吐)'가 되니까."

그러면 학생은 피식 웃는다. 하지만 이런 식으로 이야기하면 패러다임 시프트의 충격은 강력해진다.

단순히 '입 구(口)'에 '열 십(十)'을 더하면 '화합할 협(口

+)'이 된다. '입 구(口)'에 '흙 토(土)'를 더하면 '토할 토(吐)'가 된다는 식으로 가르치면 패러다임 시프트는 생기지 않는다. 다소 무리한 감은 없지 않지만 수업시간에 나와 같은 방식으로 가르쳐 주면 그때까지 재미없다고 느끼던 한자에 흥미를 갖고 좋아하게 된다.

패러다임 시프트라는 감동을 주기 위해서는 이야기 순서에 세심한 주의를 기울일 필요가 있다. 느닷없이 "입 구(口)에 열 십(十)을 쓰면 꿈을 이룬다는 의미의 화합할 협(叶)이 된다. 그러니까 10번 입으로 말해라"라고 해봤자 아무런 위력도 생겨나지 않는다. '바보 같다'는 소리나 듣기 쉽다.

신데렐라 익스프레스에서 패러다임 시프트를 발견하다

이야기 순서와 관련된 좋은 예가 있다. 예전에 JR도카이(JR東海)의 '신데렐라 익스프레스(Cinderella Express)'라는 텔레비전 광고가 있었다.

젊은 여자가 역 승강장에서 남자를 기다리고 있다. 여자에게 줄 선물을 들고 남자는 나타나야 하지만 마지막 기차가 도착했어도 모습이 보이지 않는다. 기차는 역을 지나 차고지를 향하고 있다. 역 승강장 불빛이 하나 둘씩 꺼져 간다.

여자는 포기하고 출구 쪽으로 걸어 나가는데 그 순간 기둥 뒤에서 갑자기 모자가 튀어나온다. 모자는 남자가 여자에게 주는 선물로 바뀐다. 마지막에 남자가 등장하고 여자는 기쁨의 눈물을 흘리는 순서로 되어 있다.

당시 커다란 반향을 일으켰던 텔레비전 광고인데 만일 순서를 바꿔서 남자 친구가 첫 장면부터 "자, 선물" 했다면 어떻게 되었을까? 드라마가 전혀 없어서 아무도 감동하지 않았을 것이다.

혹은 기둥 뒤에서 남자 친구 얼굴이 바로 나타났다면 뭔가 부족하다는 느낌이 들었을 것이다. 전개가 진부하면 재미없는 만담과 같다.

"아, 그렇구나"라고 여길 뿐 깊은 인상을 남기지 못하기 때문이다.

무언가 마음에 호소하기 위해서는 의외성, 패러다임 시프트가 필요하다. 여자는 오랜 시간 기다렸다. 그런데 마지막 기차에 그는 타고 있지 않았다. 일단 여자를 낙담하게 만든 다음 의외의 결말을 제시해서 그녀도 보는 사람도 감동을 하게 만들어야 한다.

수업도 같은 식으로 말할 수 있다. 당연한 순서로 당연한 내용을 이야기하면 지루하기만 할 뿐 감동은 생겨나지 않는다. 학생을 혹은 연인을 기쁘게 하는 연출이 필요하다.

예를 들어 수학에서 멋진 해법이 있다고 하자. 이 해법을 이용해서 풀면 쉽게 답을 이끌어낼 수 있는데 대개 잘 떠오르지가 않는다. 이것은 '콜럼버스의 달걀'과 같은 방식으로 아이들에게 가르쳐야 한다.

드라마를 만들어내는 데 서투른 강사는 "좋은 방식이 있어"라며 해법을 제일 먼저 알려 준다. 이 방법은 기둥 뒤에서 남자 친구 얼굴이 바로 나타나는 것이나 마찬가지다. 드라마가 없으면 감동은 생겨나지 않는다. 마술을 할 때 미리 "비둘기가 나타납니다"라고 말하고 비둘기를 날려 보내면 놀라기는 하지만 감동하지는 않는다.

수학 강의를 할 때도 갑자기 기둥 뒤에서 모자가 튀어나오는 것과 같은 연구를 해야 한다. 그러면 아이들은 "와!"라고 경탄하고 "수학이 참 재미있구나"라고 말한다.

이야기 순서에 따라 듣는 사람은 감동한다

패러다임 시프트와 관련해서 스티비 모리스라는 소년의 실화를 소개하겠다.

미국의 어느 학교에서 과학수업을 하던 중 실험용 생쥐가 도망쳐서 어디론가 숨어 버렸다. 여교사는 실험용 생쥐를 아이들에게 찾으라고 했지만 발견되지 않았다. 그러자 교사는 아이들을 모두 제 자리에 앉히고 자신있게 이야기했다.

　"이렇게 찾았는데도 보이지가 않으니 스티비 모리스 군에게 부탁해야겠다."

　그 순간 여기저기서 왜 그 애한테 부탁을 하냐는 항의가 터져 나왔다. 교실 분위기가 어수선해졌다. 한 아이가 손을 들고 "스티비 모리스에겐 무리예요"라고 말했다. 사실 스티비 모리스는 시각장애자였다.

　"그래. 스티비 모리스 군은 시각장애자야. 그래서 그 애한테는 무리라고 생각할지도 몰라. 하지만 선생님은 알고 있어. 스티비 모리스 군은 눈이 불편하지만 대신 신에게 멋진 능력을 선사받았어. 그건 바로 청력이야. 그 능력을 활용하면 틀림없이 실험용 생쥐를 찾아낼 수 있다고 선생님은 믿어. 스티비 모리스 군, 부탁한다."

　스티비 모리스는 기대에 부응하듯 실험용 생쥐를 찾아냈다. 그리고 일기에 이렇게 썼다.

'그 날, 그 순간 나는 다시 태어났다. 선생님은 내 귀를 신이 내린 선물이라고 칭찬해 주셨다. 나는 그때까지 눈이 불편하다는 현실을 무거운 짐으로 느끼고 있었다. 그런데 선생님이 청력을 칭찬해 주시자 커다란 자신감이 솟아났다.'

실험용 생쥐 사건이 일어난 지 십여 년이 흐르고 신이 내린 선물인 청력을 활용해서 스티비 모리스는 음악의 길을 걷게 되었다. 그는 싱어송라이터로 멋지게 데뷔했다. 스티비 원더(Stevie Wonder)라는 예명으로 말이다.

이때 이야기를 듣는 사람 입에서는 분명히 '아!' 라는 탄성이 터져 나오게 된다. 이유는 짐작하고 있을 것이다. 이렇듯 이야기는 순서가 중요하다. 만일 반대로 이야기를 했다면 어떤 결과가 나왔을까?

"그럼 지금부터 유명한 싱어송라이터 스티비 원더에 대해 이야기하겠다. 스티비 원더는 예명이고 본명은 스티비 모리스다. 그는 소년시절부터 훌륭한 청력을 갖고 있어서 과학수업을 하던 중 도망간 실험용 생쥐를……."

두 이야기가 어떻게 다른가? 굳이 설명할 필요도 없다고 생각한다. 이 이야기는 전형적인 패러다임 시프트 구조로 되어 있다. 이 이야기를 듣는 순간 보이지 않던 것이 보이고 패러다임 시프트는 완성된다. 그리고 마지막에 감동이 생겨난다.

무슨 일이든 재미있게 만드는 '홈으로 뛰어드는 이야기'

꼭 필요하지만 귀찮거나 하고 싶지 않은 일이 있다. 예를 들면 재고 정리, 주소 쓰기, 공장에서 하는 단순 작업 등 여러 가지가 있다. 나는 돈을 세는 일이 너무 싫었다.

예를 들어 한자를 외우려면 여러 번 써야 하기 때문에 대부분의 학생이 싫어한다. 수학이라면 연립방정식 100문제를 무조건 풀라는 것을 싫어한다.

단순한 과제를 해결하기 위해서는 끈기가 필요하다. 학생은 이런 것을 지긋지긋해 한다. 게다가 중간에 긴장감이 풀어져서 분위기가 산만해진다.

필요하기 때문에 시키지만 강의실 분위기가 어수선하면 강사도 수업하기 싫어진다. 어떤 강사는 "오늘 몸이 안 좋아서 그런데 다른 분이 대신해주시면 안 될까요?"라며 도망치기도 한다.

1시간이면 1시간, 학생을 모두 계산 문제를 풀게 하는 좋은 방법이 있다. 내 경우 '홈으로 뛰어드는 이야기'를 들려

준다. 나는 강의실에 들어가 선언한다.

"오늘 뭘 배울지 알고 있니?"

"연립방정식이요."

"그래, 연립방정식이야. 100문제를 풀어보자."

"네?"

강의실은 크게 술렁거렸다.

"선생님도 하기 싫어. 혹시 집에 가고 싶은 사람 있어?"

"저요!"

학생들이 모두 손을 들었다. 나도 손을 들고 그럼 집에 가자며 문 쪽으로 향한다. 그러다 되돌아서서 말한다.

"하지만 선생님은 그러면 안 되겠지. 나도 하기 싫은데 말이지."

"……"

"내가 재미있는 이야기를 해줄게. 프로야구단 세이부 라이온스에는 모리 마사아키(森祇晶)라는 명감독이 있었어. 오래 된 이야기라 모를지도 몰라. 어쩌면 한두 명은 알고 있을지도 모르겠다. 모리 마사아키가 감독으로 있던 시절에 세이부 라이온스는 굉장히 강했어. 여러 번 리그 우승을 달성해서 일본 최고가 되었지.

모리 마사아키가 처음에 세이부 라이온스에 취임했을 때 뭔가를 지키도록 철저히 훈련시켰어. 그러자 모리 마사아키 감독 부임 첫해에 세이부 라이온스가 우승했고 계속해서 몇 년 동안 이길 수 있었다. 그런데 도대체 무엇을 지키도록 했을까?

만일 주자가 2루에 있는데 타자가 우익수 앞에 안타를 쳤다고 하자. 우익수는 타구를 잡으러 달려가고 주자는 홈으로 뛰어드는 것이 의무이므로 먼저 3루로 달린다. 그리고 우익수가 공을 잡았는지 공을 놓쳤는지 확인한 후 홈으로 뛰어들지 말지를 판단하지.

하지만 그때 주자는 우익수 쪽과 등을 지고 달려야 하므로 그 상황이 보이지 않아. 그렇다고 뒤를 보며 달리다가는 넘어질 수 있지. 그래서 3루 쪽에 있는 자기 팀 코치가 3루에서 멈추라고 신호를 보내거나 홈으로 뛰어들어오라는 신호를 보내는 거야.

모리 마사아키 감독은 3루 코치에게 무슨 일이 있더라도 주자를 모두 홈에 들어오게 하라고 지시를 내렸어. 하지만 야구를 조금이라도 알고 있는 사람이라면 깜짝 놀랄 거야. 만일 상대편에 뛰어난 외야수가 있다면 그렇게 막무가내로

홈에 뛰어들다가는 아웃을 당하고 말 테니까.

하지만 모리 마사아키 감독은 그래도 괜찮으니 홈으로 뛰어들라고 지시했어. 왜 그는 그런 판단을 내렸을까? 선생님은 이 점에 대해 이야기하고 싶어. 잘 들어 봐. 거기에는 그럴 만한 이유가 있어.

주자는 2루에서 홈으로 뛰어들면서 무엇을 할까? 달리기만 하면 되지. 이보다 단순한 일은 없다.

그런데 상대편은 어때? 주자를 아웃시키려면 가까운 타구는 문제없지만 조금 먼 타구는 직접 홈으로 송구하기가 어려워. 중간에 공을 중계하는 선수가 서 있고 그가 홈으로 송구하게 되지. 이게 문제야. 상대편은 먼저 우익수가 공을 잘 잡아야 해. 중간에 공을 중계해서 홈에 던지면 세이프가 될 가능성이 커. 우익수가 공을 중계하는 선수에게 폭투를 던질 수도 있지. 또 공을 중계하는 선수가 잘 잡아서 홈에 송구를 해야 해. 마지막으로 포수가 그 공을 잘 잡아서 주자의 몸에 확실히 갖다 대서 아웃을 시켜야 하지.

그러니까 이 과정에서 실수가 생길 가능성이 있다는 거야. 여러 가지 관문 가운데 하나라도 실수를 하면 주자가 홈으로 뛰어들어올 때 세이프가 되거든. 그러니까 확률을 따져 볼 때 주자가 무조건 홈으로 뛰어들어오는 편이 유리하다는 거지. 그래서 모리 마사아키 감독은 무슨 일이 있어도 홈으로 뛰라고 지시를 내린 거란다."

공을 잡아서 던지는 것은 프로야구 선수에게는 식은 죽 먹기다. 하나도 어려울 것이 없다. 하지만 아무리 쉽고 단순한 일이라도 몇 가지 단계를 거치면 사람은 실수를 저지를 수 있다. 나는 이 점을 말하고 싶어서 장황하게 '홈으로 뛰어드는 이야기'를 꺼냈다.

학생들은 내 이야기를 듣고 멍하니 있다. 하긴 무리도 아니다. 지금 한 이야기가 연립방정식 100문제와 무슨 상관이 있는 것인지 어리둥절할 것이다.

"……자, 애들아 이 문제가 어렵니? 5보다 -3이 작은 수는 뭐지? 8이야. 이 문제는 쉽게 맞출 거야. 하지만 간단한 문제라도 여러 개가 계속되면 어려워져. 예를 들어 이런 문제가 있어. 5보다 -3이 작은 수와 -269보다 -387이 큰 수의 합은 -1973보다 얼마나 작을까?

어때? 이런 문제를 풀 때는 계산 착오가 나오기 쉬워. 하나하나는 간단하지만 여러 개가 겹쳐지면 어려워지거든. 세상에는 이런 일이 항상 존재해. 연립방정식 100문제도 하나하나는 간단해. 하지만 100문제를 잇따라 풀 때 몇 명이나 전부 정답을 맞출 수 있을까? 오늘은 여기에 도전해 보자!"

"네, 해보겠습니다!"

학생들은 즐겁게 문제를 풀기 시작한다. 패러다임 시프트에 따라 100문제를 푸는 데 명확한 목적의식이 생겼기 때문이다.

"자, 3루를 돌아 홈으로 미끄러져 들어가는 영웅은 누굴까? 지금부터 시간을 잰다."

이렇게 부추기면 학생들은 전투 태세에 돌입하고 문제 풀기에 몰두한다. 강의 종료를 알리는 벨이 울려도 "잠깐만요"라며 시험지에서 눈을 떼지 못한다.

'홈으로 뛰어드는 이야기'는 5분이면 끝난다. 이렇게 함으로써 지루한 작업이 한순간에 바뀐다.

사람은 왜 공부를 해야 할까?

가만히 생각해 보니 나는 학생들에게 "왜 공부를 해야 하나요?"라는 질문을 받아 본 적이 별로 없다. 하지만 질문을 받으면 이렇게 대답한다.

사람은 편한 쪽으로 행동하는 생물이다. 먹고 싶으면 먹고 졸리면 잔다. 생물로서 당연한 일이고 그래야 살아갈 수 있다고 생각한다.

사람이 말을 하고 두 발로 걸으며 불을 사용하고 도구를 다루면서 멋진 지혜를 얻었다. 이번에는 그 지혜를 어떻게 이용해야 하는지 의문을 품게 되었다. 그리고 능력을 갖게 되자 거기에 부응하는 의무가 생겼다.

예를 들어 사람들은 뉴욕 양키스의 거포 마쓰이 히데키 선수가 장타와 홈런을 치기를 바라지 번트를 치는 것은 보고 싶어하지 않는다.

기대를 받는 사람은 그런 능력이 있기 때문에 기대를 받는 것이다. 따라서 기대를 저버리는 행동을 용서하지 않는다. 상상해 보라. 마쓰이 히데키 선수가 번트를 하거나 도루를 돕기 위해 일부러 삼진을 당하는 광경을 말이다.

사람은 모두 어떤 능력을 갖고 태어나므로 그 능력을 꼭 살려야 한다. 편한 쪽으로만 행동하는 것을 자제하고 힘든 일을 극복하는 노력을 할 줄 알아야 한다.

노력의 대상은 공부뿐만이 아니다. 프로야구 선수가 되고 싶다는 노력도 있다. 하지만 프로야구 선수는 인원이 한

정되어 있다. 평범하게 공부해서 사회에 나가는 것보다 훨씬 힘들고 몇십 배의 노력을 해야 한다.

권투나 골프, 문학, 미술 등 어떤 세계든 그 분야에서 최고가 되려면 피눈물을 흘려야 한다. 입시도 마찬가지다. 힘이 들어도 열심히 노력해야 한다. 그러므로 괴로운 것이 당연하다.

물론 입시 외에도 괴로운 일은 많다.

무언가 힘든 일을 스스로 부과하지 않는 사람은 놀기만 할 것이다. 놀기만 하면 점점 마음에 앙금이 쌓여 간다. 계속 놀기만 하면 나중에 무엇이 남는가. 시간이 지난 후 아무것도 하지 않았다는 허무함만 남을 뿐이다. 사람은 허무함을 느끼는 능력도 있다.

재능이 문제가 아니란 뜻이다. 스즈키 이치로 선수는 천재라는 말을 듣지만 어릴 적부터 엄청난 노력을 했다. 그는 천재라는 말을 아주 싫어한다. 당연하지 않은가. 실제로 천재라고 해도 그 사실만으로 지금에 이르지는 않았을 것이다.

하지만 사람은 마지막 도달점, 각광을 받는 부분만 보고 판단하고 드라마에 쓰여있는 문자의 숨은 뜻을 읽으려고 하지 않는다. 그러니 노력이 눈에 보이지 않는 것이 당연하다.

학원에 모이는 학생들은 입시를 목표로 하고 있다. 꼭 입시라서 힘든 것이 아니다. 사람은 모두 각각 주어진 능력을 활용할 책임을 가지며 무슨 일이든 노력하며 살아가야 한다.

공부의 의미에 대해 물으면 나는 위와 같이 대답한다. 그런데 많은 부모와 교사는 이런 답을 준비하고 있지 않다. 단지 공부하라는 말만 해서는 설득력이 없다. 회사에서 부하가 "왜 열심히 일해야 하나요?"라고 물을 때 "월급을 받으니까 당연하지"라고 하는 것은 공부의 의미에 대해 말하지 못하는 것과 같다.

만일 내 답변을 이해한다면 여기에 '무의미 → 의미 부여' 혹은 '보이지 않는다 → 보인다'라는 패러다임 시프트가 존재한다는 사실도 알 것이다. 이런 관점에서 얼마나 많은 사람이 명쾌한 답변을 할 수 있을까?

4. 형식보다 먼저 사람의 마음을 정확히 파악하라!

수업의 진정한 재미는 '아는 기쁨'에 있다

재미있는 강의를 하면 학생들이 학교는 빠져도 학원은 꼭 온다. 학원은 대개 오후 5시에서 6시에 시작한다. 중학생의 경우 학교에서 동아리 활동을 하고 오거나 학원과 집이 멀 때는 대개 교복을 입고 온다.

그런데 학생이 사복을 입고 학원에 올 때가 가끔 있다.

"오늘은 왜 사복을 입고 왔니?"

"네. 좀 힘들어서요."

이유는 알 수 없지만 몸 상태가 안 좋아서 학교는 빠졌어도 학원은 온 것이다. 그만큼 학원 강의가 재미있기 때문이다.

학원 강사는 항상 강의를 재미있게 하려고 신경 쓴다. 몇 시간을 공부해도 즐겁고 좀 더 배우고 싶은 강의가 되도록 노력한다. 강의가 재미없으면 학생들이 공부를 하지 않으므로 하루하루 필사적으로 노력한다.

나는 여러 가지 시행착오를 거듭하면서 지금까지 소개한 노하우를 축적할 수 있었다. 이야기하는 순서가 조금만 달라져도 "와!"라는 탄성은 들을 수 없다. 중간에 다른 이야기를 집어넣어도 소용 없게 된다. 반대로 이야기 구성이 잘되어 있으면 모두 감동한다. 열정적인 마음뿐만 아니라 '각본'도 중요하다는 사실을 알 수 있다.

하지만 무엇보다 가장 중요한 것은 학생을 격려하고 노력하게 만드는 근본적인 욕구에 있다.

예를 들어 어렵고 힘든 길을 걷는 사람 가운데 고교야구 등 운동을 하는 학생들은 세간의 주목과 칭찬을 받는 일이 많다.

그런데 운동 선수와 마찬가지로 혹은 그 이상으로 매일 노력하고 공부하는 학생들에 대해서 부정적으로 바라보거나 '공부벌레' 혹은 "그렇게 공부해서 뭐 하려고?"라며 빈

정대는 경우가 있다.

도대체 무엇이 다른가? 서로 같지 않은가? 고시엔구장(甲子園球場)을 목표로 날마다 땀과 진흙으로 뒤범벅이 되어 야구를 하는 아이들은 칭찬하면서, 놀러 다니고 싶은 것을 꾹 참고 책상에 앉아 공부만 하는 아이들은 왜 칭찬하지 않는가?

학원 강사는 학생을 도와 주고 싶어하는 근본적인 욕구를 갖고 있다. 따라서 강사는 강의를 재미있게 하기 위해 어떤 각본을 써야 할지 필사적으로 생각한다. 그리고 좀 더 연구해서 모범적인 양식을 만드는 단계까지 승화시킨다.

완성된 형태만 빌리고 표면적인 흥미만 추구하다 보면 재미없는 수업이 된다. 학생들을 도와 주고 싶어하는 근본적인 욕구가 없으면 아무리 웃음을 주고 강의실을 떠들썩하게 만들어도 단지 그뿐이다. 학생들은 "농담은 재미있지만 수업은 지루하다"라고 말한다.

수업의 재미와 농담의 재미는 완전히 다르다. 양쪽 사이에는 하나의 선이 그어져 있다. 농담의 재미는 계속되지 못한다. 강의시간에 농담만 하고 있으면 학생들에게 외면을 당하고 만다.

수업의 진정한 재미는 학생이 지식을 얻는 기쁨에 있다. "전에는 이 과목이 싫었는데 선생님 수업을 듣고 좋아하게 되었고 공부하고 싶어졌다"라고 말할 수 있게 만들어야 한다. 수업을 할 때 '농담으로 웃게 만드는 것이 재미'라고 착각해서는 안 된다.

재미있는 수업은 인간관계와 관련이 있다

지식을 얻는 기쁨을 주려면 먼저 학생과 좋은 인간관계를 만들어야 한다.

예를 들어 처음 보는 교사가 나타나서 학생이 활발하게 의견을 발표하는 수업을 만들 수 있을까? 이것은 불가능하다. 학생은 처음에는 몇 발자국 뒤로 물러나서 교사를 관찰하기 때문이다.

만일 학생이 한발 물러난 상태에 있을 때 '좋아. 내가 감동적인 수업을 해주겠다'라고 굳게 마음을 먹어 봤자 헛수고다. 수업에서 감동을 주기 위해서는 교사와 학생 사이에 교감이 생겨야 가능하다.

이 점에 대해서는 강사 시절에 영화를 소재로 연구한 적이 있다. '왜 영화를 보고 사람이 감동하는가?'를 알아내려고 연구했는데 마지막에 관객이 주인공과 등장인물에 감정이입을 했을 때 감동을 하게 된다는 결론을 얻었다. 스크린 속에 있는 상대와 인간관계가 형성된 것이다.

그러므로 '수업이 재미있다. 학생이 그 선생님의 수업을 좀 더 듣고 싶다'라고 생각하게 만들려면 최대한 빨리 감정이입을 시키면 된다. 학원 강사의 경우 그렇게 하는 것이 최고 인기 강사의 첫걸음이다.

그러면 어떻게 해야 감정을 교류할 수 있을까? 먼저 자기 쪽에서 상대에게 감정이입을 해야 한다. 상대를 타인이라고 생각하면 상대도 자신을 서먹서먹하게 대한다.

그리고 이야기를 할 때는 최대한 의문형으로 한다. 일방적으로 이야기를 진행하기보다는 "어떻게 할까?", "너는 어떻게 생각하니?"라고 물으면 상대도 잘 대응해 준다.

사람은 누구나 이야기를 듣기보다는 하고 싶어한다. 따라서 자신의 이야기를 들어주는 사람을 좋아하는 것이다.

반대로 '나는', '저는', 하며 일방적으로 말하는 사람의 이야기는 듣고 싶어하지 않는다. 교사와 학생의 관계도 이야기의 기본은 같다. '교사 = 가르치는 사람', '학생 = 배우는 사람'이라는 형식에 얽매일 필요는 없다.

무표정하게 담담히 이야기하기보다는 희노애락을 크게, 확실하게 나타내는 편이 좋다. 예를 들어 남에게 무언가 시킨 후 무표정하게 "어, 다 했어?"라고 말해서는 안 된다. 풍부한 감정을 담아 "와, 다 했구나!"라고 하면 감정이 공유되어 단숨에 좋은 인간관계를 형성할 수 있다.

아무것도 아닌 듯 보여도 굉장히 중요한 일이다. 사람을 움직이려는 마음이 있어야 하고 기술도 있어야 한다. 처음에 좋은 인간관계를 구축해 두면 다음에 무슨 일을 하든 훨씬 편해진다.

학생과 돈독한 정을 쌓는 법

나는 강사와 학생이 인간관계를 빨리 구축하고 그 중요성을 인식하게 만드는 비책을 갖고 있다.

신입 강사가 들어오면 초등학교 6학년이나 중학교 3학년 입시생을 1년 동안 담당하게 한다. 하지만 갑자기 강의를 하는 것은 무리이므로 보조 강사로 투입한다. 그리고 신입 강사가 학생들의 공책 검사를 일일이 한 후 자신의 의견을 기입하도록 한다.

이때 틀에 박힌 문구나 짧게 "힘내!"라고 성의 없게 써서는 안 된다. 공책에 정성스럽게 의견을 써 놓으려면 학생의 얼굴과 이름을 비롯해서 모든 것을 파악하고 있어야 한다.

학생을 잘 알아야 의견을 써 줄 수 있으므로 신입 강사는 학생과 친해지려고 노력한다.

그렇게 1년을 지내고 입시 당일이 되면, 나는 신입 강사를 시험장에 데려가서 학생에게 격려의 말을 하게 한다. 입시 날은 긴장과 추위로 부들부들 떠는 아이가 굉장히 많다. 그럴 때 신입 강사가 학생 한 사람 한 사람에게 "꼭 붙을 거야"라며 악수를 하고 시험장으로 들어가게 한다.

그리고 합격자 발표날 비책을 마무리짓는다. 매년 그렇지만 합격한 아이는 감격해서 엉엉 운다. 부모도 아이와 함께 눈물을 흘린다. 눈물로 뒤범벅이 되어 강사들에게 "고맙습니다"라고 머리 숙여 인사한다.

이때 나는 신입 강사에게 말한다.

"잘 봐라. 우리는 학원에서 돈도 받고 아이가 고개를 숙여 인사하고 울면서 선생님, 선생님 하고 불러 준다. 자네는 이런 일이 또 있다고 생각하나? 무슨 말인지 알겠어? 강사는 참 좋은 직업이야."

그러면 신입 강사들도 따라 운다. 그리고 그 날을 계기로 완전히 다른 모습을 보인다. 한 꺼풀 벗고 어른이 되는 것이다. 신입 강사에게 아침에 일찍 나오라고 굳이 명령하지 않아도 알아서 잘 나온다.

나중에 자세히 이야기하겠지만 학원에서는 학부모와 종종 개발 면담을 가진다. 대개 학부모의 상황을 생각해서 오전 10시 무렵으로 시간을 정할 때가 많다. 학생에게 어린 동생이 있을 경우, 엄마가 유치원에 데려다 주고 집안을 정리하고 세탁을 하는 것까지를 감안하면 10시 정도가 가장 적당하기 때문이다. 만일 상담이 11시 30분 정도에 끝난다고 해도 그 학부모는 슈퍼마켓에 들렀다가 집에 들어갈 수 있다.

오후에는 학부모가 유치원에서 아이를 데려오거나 슈퍼마켓을 가느라 바빠서 시간을 내기가 힘들다. 주부의 생활 양식을 고려할 때 상담은 오전부터 오후 1시까지가 가장 적당하다.

그런데 신입 강사는 학원 강의가 오후 10시 넘어서까지 있다고 해서 "오전 중에 상담을 하면 너무 힘듭니다. 시간을 좀 늦춰 주세요"라고 불평을 한다. 하지만 이것은 어리석은 생각이다. 학원은 고객이 있어야 존재한다. 나는 "오후 2시부터 상담을 하면 안 될까요?"라고 말하는 강사의 등을 한 대 후려치고 싶다.

하지만 이런 신입 강사가 1년이 지나 합격의 감격을 학생과 함께 맛보면 싹 달라져서 오전에 상담하기 싫다는 말을 하지 않게 된다. 자신의 존재 의의, 이런 기분 때문에 일한다는 일의 의미를 깊이 이해하기 때문이다.

신입 강사가 합격자 발표날 우는 것은 학생들과 좋은 인간관계를 구축했기에 가능하다.

3장
사람을 움직이게 하는
무기는
말과 마음이다

사람을 성장하게 하는 것은 긍정적인 이야기이다.
부정적인 이야기를 계속 들으면 자기도 모르게 세뇌를
당해서 정말로 그렇게 된다. 성장할 수 있는
싹이 잘려 나가고 마음은 움츠러든다.

1. 애정이 담긴 긍정적인 사고방식이 필요하다

어머니의 부정적인 이야기를 거울로 삼는다

인생에서 '긍정적인 사고방식'은 아주 중요하다. 예를 들어 컵에 물이 반 정도 남아 있을 때 "벌써 반밖에 안 남았다"라고 한탄하지 않고 "아직 반이나 남았다"라고 기뻐하는 것이 긍정적인 사고방식이다.

이런 사고방식은 모든 사람에게 필요하다. 특히 사람을 교육시키는 위치에 있는 부모, 교사, 상사는 긍정적인 사고방식을 가져야 한다.

그런데 아랫사람에게는 긍정적인 사고방식이 아니라 부

정적인 사고방식으로 대하기 쉽다. "자네는 무능한 사원이야", "의욕이 없는 학생은 나빠"라는 식으로 부정적인 이야기를 한다.

나도 어머니에게 부정적인 이야기를 자주 들었다.

"얘야, 이를 닦아야지."

그 뒤에 이런 말이 꼭 붙는다.

"이를 안 닦으면 충치가 돼."

이것은 부정적인 이야기다. 어머니는 절대로 "이를 닦으면 평생 튼튼하고 아름다운 이를 지닐 수 있어. 음식도 꼭꼭 씹어먹을 수 있고……"라며 긍정적으로 이야기하지 않았다.

어머니가 "공부해라"라고 할 때도 "공부하지 않으면 나중에 쓸모 없는 사람이 된다"라는 말이 꼭 이어졌다. "공부를 열심히 하면 출세하고 얼마든지 돈을 벌어 세계 여행도 다닐 수 있고 뭐든지 할 수 있어"라는 긍정적인 이야기는 하지 않으셨다.

부정적인 이야기가 나쁜 이유는 사람의 언어가 지닌 힘 때문이다. 예를 들어 부모나 친구, 아는 사람이 무심코 뱉은 말 한 마디로 상처를 입거나 괴로워했던 경험은 누구나다 있을 것이다. 게다가 윗사람의 말은 영향력이 크다. 말에는 마음을 지배하는 마력이 있다.

그러므로 "넌 안 돼"라는 부정적인 이야기를 계속 들으면 자기도 모르게 세뇌를 당해서 정말로 그렇게 된다. 성장할 수 있는 싹이 잘려 나가고 마음은 움츠러든다. '나는 쓸모 없는 사람인가', '노력해봤자 소용없다'며 자신을 나쁜 쪽으로 이끌어간다.

학교에서는 선생님이 이렇게 말한다. 영어시간에는 "안 되겠어. 차라리 너는 영어 공부를 하지 마", "이런 단어도 기억 못해?", "전에도 했는데 아직도 몰라?"라고 말한다. 이런 말은 충격이 엄청나다. 까딱하다가는 평생 영어에 취미를 못 붙일지도 모른다. 스스로 그렇게 믿으면 거기서 더욱 벗어나기 힘들어지기 때문이다.

너무 과장되었다고 생각할지도 모른다. 그렇다면 목이 아프다거나 기침이 오래 계속되어 의사에게 진찰을 받는 상황을 상상해 보라. 의사가 엑스선 사진을 보는 순간 "앗! 뭐야, 이게"라고 소리쳤다고 하자.

나중에 의사가 "앗! 아니에요. 죄송합니다. 실수였어요. 아무것도 아닙니다"라고 부정해 봤자 소용없다. 뭔가 거짓

말을 한다고 오해하고 자꾸 나쁜 쪽으로 생각하다가 정말로 병이 날지도 모른다. 그 정도로 말은 그 무게와 영향력이 크다.

설령 농담이라고 해도 부정적인 사고방식이나 말은 절대로 하지 않아야 한다. "열심히 했는데 성적이 전혀 오르지 않는다"라고 말해서는 안 된다. 긍정적인 사고방식으로 "이번에는 성적이 오르지 않았지만 열심히 노력했다. 다음에는 분명히 좋아질 것이다"라고 하면 반드시 좋은 방향으로 나아간다.

사람을 성장하게 하는 긍정적인 이야기

사람은 대부분 멋진 능력을 내면에 감추고 있다. 그런데 부정적인 사고방식을 지닌 사람이 부정적인 이야기만 들으면 그 사람이 지닌 가능성이 꺾이게 된다.

예를 들어 부하가 기획안을 들고 왔을 때 부정적인 사고방식의 상사는 말한다.

"뭐야. 이렇게 허술한 기획안이 통과되겠어?" 심한 경우에는 "전부터 말하려고 했는데 자네는 정말 최악이야"라는 말까지 한다. 시간을 거슬러 올라가 결점을 지적하는 일은 그 사람의 인격을 모두 부정하는 것과 같다. 부하가 풀이 죽거나 상사에게 원한을 품을지도 모른다.

여기서 잠깐 내가 신입 강사를 육성하는 법을 소개할까 한다. 내 경우 처음에 신입 강사에게 강의를 시킨다. 물론 강의실에 학생은 한 명도 없다. 강사 앞에서 먼저 모의 강의를 시킨다. 그리고 강의가 끝나면 감탄한 얼굴로 말한다.

"자네, 혹시 어디서 강의했던 적이 있나?"

강의를 했던 것처럼 잘한다는 의미다. 신입 강사가 "아니오"라고 대답한다. 사실은 신입강사는 목소리도 작고 표정도 경직되어 있으며 모든 것이 서툴렀다. 그래도 나는 칭찬한다. 절대로 깎아 내리지 않는다.

"표정이 좋은데. 남 앞에서 그렇게 풍부한 표정으로 이야기하는 사람은 별로 없어. 안 그래요?"

옆에 있는 부부장(副部長)에게 동의를 구한다. 그는 "정말, 그래요"라며 당황한 듯 눈을 깜빡이며 마음에도 없는 소리를 한다. 거의 강제적이다.

"목소리도 시원시원하고 좋아. 어디서 배웠어? 대단해. 자네 소질이 있어. 올해는 대어급 신입 강사가 많아."

이런 식으로 칭찬하고 바로 신입 강사에게 과제를 준다.

"좋아. 다음 주에는 이 단원을 해 오게. 자네는 유망주
야."

그러면 다음 모의 강의에는 더욱 발전된 모습을 보여 준
다. 작은 목소리는 커지고 딱딱했던 표정은 훨씬 풍부해진
다. 목소리가 좋다고 말하면 좀 더 좋은 목소리를 내고 표
정이 좋다고 하면 좀 더 좋은 표정을 짓는다. 칭찬받았다는
사실을 의식하고 자발적으로 연구해서 오기 때문이다.

신입 강사가 발전된 모습을 보이면 다시 "우와, 크게 발
전했어. 다른 사람이 된 거 같아"라고 칭찬한다. 그러나 칭
찬만 해서는 안 된다. 동시에 고칠 점도 지적해 준다. "한
가지 이렇게 하면 더 좋을 것 같은데⋯⋯"라고 말한다.

칭찬만 하면 우쭐해져서 자만하게 된다. 그렇다고 결점
만 지적하면 처음부터 의욕을 상실하게 된다. 양쪽을 적절
히 섞어야 하는데 기본적으로 긍정적인 관점에서 가능성을
발전시키는 것이 가장 좋다.

자기만족으로 하는 이야기는 손해만 보게 한다

내 생각에 회사에서도 칭찬이 제일이다.

"오, 의외로 잘 썼는데. 대단해. 언제 이렇게 연구했지.

상당히 기획안을 잘 썼군. 하면 잘하네. 한 가지 아쉬운 점은 이러이러한 자료가 덧붙여지면 좀 더 설득력이 있을 것 같은데. 자네 생각은 어때?"

그러면 부하는 기분이 좋아져서 상사의 지적을 아주 고맙게 여긴다. 다음 번에는 지적당한 부분을 개선해서 좀 더 멋진 기획안을 갖고 나타난다.

부하에게 좋은 일을 맡긴다는 원래의 목적과 꼭 들어맞게 된다. 그런데 상사가 이렇게 하지 못하는 이유는 부하에게 잘난 체 하거나 자신의 불쾌한 마음을 발산시키거나 야단치고 싶은 마음이 앞서기 때문이다.

가정도 마찬가지다. 부모는 아이의 미래를 생각해서 여러 가지 이야기를 한다. 하지만 부정적인 이야기가 대부분이다. 과연 아이는 부모의 이야기대로 행동할까?

"아직도 컴퓨터게임을 하니? 자꾸 미루기만 하면 숙제는 언제 하려고?"

"왜 이렇게 말을 안 듣니? 정말 안 되겠구나."

"그렇게 해서 합격할 거라 생각해?"

잔소리를 들으면 아이가 간신히 책상에 앉아 있을지도 모른다. 그러나 정말로 공부할 마음이 생긴 것은 아니다.

잔소리가 효과적이었는지는 부모 스스로 어린 시절을 되돌아보면 알 수 있다. 부정적인 이야기는 곤란하다.

이럴 때는 접근 방식을 바꿔 본다. 긍정적인 이야기는 어렵지 않다. 오랜만에 길에서 친구를 만났을 때 허름한 옷을 입고 있더라도 "스카프가 멋지다"라고 칭찬해 준다. 셔츠 깃에 때가 끼어 있으면 넥타이 무늬가 멋지다고 칭찬해 주고 다른 부분은 침묵한다. 이것이 어른의 지혜다. 칭찬하면 반드시 좋은 일이 생긴다.

옛날 사람들은 이런 사실을 잘 알고 있어서 뚱뚱한 사람에게 "뚱뚱하다"라고 말하지 않았다. 대신에 "관록이 붙었다"라고 표현했다. 상황을 긍정적으로 끌고 가라는 뜻이지 그렇다고 아첨을 하거나 거짓말을 하라는 말은 아니다.

'왜'와 '무엇이'를 함께 생각한다

부정적인 이야기는 잘못을 저질렀을 때도 절대로 해서는 안 된다. 사실 말은 번지르르하게 하지만 나도 부하에게 실수를 한 적이 몇 번 있다. 나도 모르게 "뭐야, 제대로 못해? 자네 그렇게 바보야!"라고 몹시 야단을 쳤다.

하지만 잘 생각해 보라. 잘못을 했을 때 그 사실을 제일 잘 알고 있는 사람은 그 사람 자신이다. '큰일났다. 내가 왜 그랬지' 열심히 하는 사람일수록 마음 속으로 자책할 가능성이 크다. 야단을 맞은 후 '음, 그 정도 갖고 잔소리 하고 있어'라며 반발하는 사람은 처음부터 논의할 가치도 없다.

누구보다도 야단맞는 자신이 '실수했다!'라며 반성하고 있는데 상대가 화를 내며 "또 자넨가? 정말 형편없는 사람이군"이라고 하면 부하는 충격을 받는 동시에 반발심만 강해진다. 이래서는 서로 이득이 없다.

긍정적인 이야기를 하면 어떻게 될까?

"사람은 누구나 실수를 해. 이번에 정말 난감했어. 자네가 왜 그랬을까 생각해 봤네. 아무튼 열의는 잘 알고 있고 항상 노력해 주는 덕분에 매출도 좋아. 그 점을 인정하고 있으니까 다음에는 한 번 잘 해 봐."

이런 식으로 말하는 편이 좋다.

항상 열심히 하는 사람이 사소한 잘못을 저질렀을 때는 야단을 쳐서는 안 된다. 잘못은 잘못이지만 "자네, 이건 이렇게 해야 해. 다음에는 이렇게 하는 게 어떨까?"라고 건설적으로 상황을 이끌어 간다.

그 다음이 굉장히 중요하다. "왜 그런 일을 했어!"라고 하기보다는 "무엇이 원인이었지?"라고 말하는 편이 좋다.

차이점을 알겠는가? 언뜻 같은 말처럼 들릴 수도 있다. 하지만 "왜 그런 일을 했어!"라고 하면 잘못 자체보다 잘못한 사람을 추궁하는 것이 된다. 그래서 "자네는 항상……"이라는 말이 이어지게 된다.

반면 "무엇이 원인이었지?"라고 하면 사람이 아니라 잘못의 원인을 추궁하는 것이 주제가 되므로 훨씬 건설적으로 바뀐다. "다신 그래서는 안 돼. 그런데 무슨 일이 있었던 거지? 그런 잘못을 저지른 데는 어떤 이유가 있었을 거야. 잘 생각해 봐"라고 하면 '너는 원래 그런 어리석은 잘못을 저지르는 사람이 아니다' 라며 격려하는 말이 된다.

중요한 점은 부하의 잘못을 상사도 함께 생각해야 한다는 것이다. "사실은 이렇게 저렇게 해서", "그래, 근본적인 문제는 여기 있군. 이제 알았으니 다음에는 꼭 주의해"라고 말하면 반드시 좋은 쪽으로 나아간다.

그리고 마지막에 좋은 점을 덧붙인다.

"자네는 언제나 열심히 해. 다음 번에 기대할 게."

이런 말을 듣고 분발하지 않는 사람은 없다. 심하게 잔소리를 들을 때보다 많이 반성하게 된다. 잘못을 통해 발전하는 것이다.

최근에 세상은 점점 더 치열한 경쟁사회가 되어 가고 있다. 심한 말이 여기저기서 들려오고 다정한 말은 들을 수가 없다. "뭐야, 자네는!"이라고 꾸짖는 말보다는 "무엇이 안 좋았나?"라는 말에 희망이 보인다. 나는 자신을 인정해 주는 따뜻한 말에 커다란 가치가 있다고 믿는다.

부정적인 이야기와 긍정적인 이야기의 전형적인 예

나는 이런 기사를 발견했다.

'기적을 일으키는 말, 노력을 물거품으로 만드는 말'

이바라키현 쓰쿠바시에 사는 고등학교 1학년생이 교통사고를 당했다. 중태에 빠져 의식이 돌아오지 않을 것이라 의료진은 말했다. 하지만 가족은 포기하지 않았다. 매일 침대 옆에서 "의식을 차려라, 의식을 차려"라며 환자에게 말을 걸었고 신경을 자극시키기 위해 팔다리를 주무르며 회복을 빌었다.

그렇게 1개월 정도 지난, 어느 날 학생의 몸이 조금씩 움직이더니 2개월 후에는 의식을 되찾았다. 게다가 오른쪽 몸은 예전처럼 움직일 수 있었고, 절대로 움직일 수 없다고 진단을 받은 왼쪽 몸도 거의 정상이 되었다.

2년 후 그 학생은 다시 학교에 다닐 수 있게 되었다. 재활 노력과 간호, 강한 격려 덕분으로 기적이 일어난 것이다.

하지만 이야기는 여기서 끝나지 않았다. 여름방학이 되기 전에 어떤 몰지각한 교사가 그 학생에게 해서는 안 될 말을 하고 말았다.

"굉장히 노력하고 있는데 우뇌 대부분이 심한 손상을 입었다니 다른 애들을 따라가려면 무척 힘들겠다. 너 같이 장애를 갖고 있는 학생이 다니는 학교가 따로 있으니까 그곳으로 전학하는 편이 좋지 않을까?"

뇌에 손상을 입었다, 장애를 갖고 있다는 말을 다른 사람에게 들었는데 기분이 좋을 리가 없었다. 게다가 이런 이유로 학교에서 쫓아내려고 하다니……! 그 학생은 지금까지 들인 노력과 회복, 미래에 대한 희망을 모두 부정하는 말을 들었던 것이다. 그 날 집으로 돌아온 후 그 학생의 왼쪽 몸은 예전처럼 움직일 수 없게 되었다.

부정적인 이야기가 마음 속으로 깊이 파고 들어가서 얼마나 나쁜 영향을 미쳤는지 알 수 있다. 부정적인 사고방식과 이야기는 아주 무서운 결과를 초래한다.

한 가지 이야기가 더 있다.

태어날 때부터 한쪽 귀에 귓바퀴가 없었던 한 소년이 있었다.

그 소년은 평소에는 사람들 눈에 띄지 않게 긴 머리로 한쪽 귀를 가리고 다녔는데 종종 장난꾸러기에게 놀림을 당했다. 때때로 반 친구가 소년의 귀를 심하게 놀렸지만 밝은 성격이라 별로 신경 쓰지 않았다. 오히려 반격해서 상대가 끽소리도 못하게 만들기도 했다.

담임교사는 소년의 강인함이 늘 신기했다. 그래서 아무도 없을 때 소년에게 "놀림을 당해도 태연하고 정말 훌륭해. 항상 감탄하고 있어"라고 말했다. 정말 멋진 교사가 아닐 수 없다.

"저는 다른 사람이 무슨 말을 하든 신경 쓰지 않아요." 소년은 눈물을 글썽이며 자신의 이야기를 들려 주었다. 소년에게는 세상 그 무엇과도 바꿀 수 없는 소중한 어머니가 계셨다. 그의 어머니는 매일 밤, 소년이 잠자리에 들 때면 소년의 귀에 입맞춤을 하며 이렇게 말했다고 한다.

"네 귀는 이상한 모양을 하고 있지만 엄마는 세상에서 네가 제일 좋아."

이것이 바로 긍정적인 사고방식이다. 사랑이란 상대의 모든 것을 받아들이는 것이다. 모든 것을 받아들이면 학교 성적이 나쁜 것도 애교로 보이고 한쪽 귓바퀴가 없는 것도 매력으로 보인다. '제 눈에 안경'이라는 말도 있다. 만일 안 좋은 점이 있다면 안 좋은 점을 개선할 방책을 세우면 된다.

'이런 성적은 남들에게 창피해' 혹은 '그러다가 나중에 큰일난다'는 부정적인 사고방식은 실제로 나쁜 영향을 미친다. 소년의 어머니처럼 긍정적으로 애정을 듬뿍 쏟으면 사람은 발전한다.

2. 언어의 기술을 갈고 닦아라!

'일단 긍정을 한 후 부정하는 법'으로 사람을 격려하라

언어는 마음을 속인다. 사람은 복잡한 심리를 갖고 있으며 때로는 생각하고 있는 것과 전혀 다른 이야기를 할 때도 있다.

나는 초등학교 3학년 딸아이가 늦은 밤까지 집에 돌아오지 않으면 걱정을 한다. 기다림에 지칠 때쯤 딸아이가 돌아오면 그냥 솔직하게 "한참 기다렸다. 잘 왔어. 다행이야"라고 말하면 좋은데, 엉뚱하게도 "도대체 어디 갔다 왔어?"라며 야단을 치고 만다.

퍽, 하고 주먹으로 때리는 부모도 있을지 모른다. 행동도 마음을 속인다. 사실은 무사히 돌아와서 기분이 좋은데도 서로 말다툼이 일어난다. 언어와 마음은 나오는 장소가 다르기 때문이다.

학원에서도 공부에 대한 의욕이 부족한 아이에게 "너 같은 녀석은 시험에 떨어져야 해"라고 말할 때가 있다. 하지만 떨어지길 바라는 마음은 털끝만큼도 없다. 시험에 떨어지지 않도록 열심히 노력하라는 의미로 하는 말이지만 듣는 쪽에서는 크게 충격을 받는다.

실제로 나는 오래 전 중학교 3학년 수험생에게 "너 같이 노력하지 않는 녀석은 떨어질 거야"라고 말했던 적이 있는데 지금까지도 그 일을 잊지 못하고 진심으로 반성하고 있다.

입시를 1주일 앞두고 있는 시점이었는데 이 말을 들은 남학생이 울음을 터트렸다. 나는 당황해서 "미안해. 선생님이 잘못 말했어. 미안하다"라고 사과했지만 무슨 말을 해도 소용없었다. 변명을 하면 할수록 마치 불길에 기름을 부은 듯 마구 눈물을 쏟아냈다.

그 아이가 돌아간 후 나는 기도하는 심정으로 그 집에 전화를 했다. 그 아이 어머니가 전화를 받았다.

"선생님. 오랫동안 고생 많으셨어요. 우리 아이가 선생님을 굉장히 좋아했답니다. 뭐라고 드릴 말씀이 없네요. 뒷일을 부탁드리겠습니다. 정말 고마웠습니다."

그 아이 어머니가 말했다. 그때서야 나는 내 실수를 뼈저리게 깨달았다. 결국 학생은 학원을 그만두었다.

나중에 선배 강사가 내게 말했다.

"기노시타 하루히로 선생. 그럴 때는 '일단 긍정을 한 후 부정하는 법'을 사용해 봐."

젊은 시절의 나는 그 의미를 알지 못했다.

"확실히 그만두라는 말은 했다. 하지만 왜 선생님이 그렇게까지 심하게 얘기했는지 아니? 네가 걱정돼서 일부러 그렇게 말했어. 정말 걱정이 돼서 그런 거야, 라고 말했으면 좋았을 텐데……"라고 선배 강사는 말했다.

반면 나처럼 내뱉은 말을 즉시 철회하는 '부정을 한 후 다시 부정하는 법'은 오히려 상대에게 깊은 상처를 준다.

즉, "그만두라"라는 말은 부정하지 않고 그렇게까지 말한 본심을 설명해서 '부정' 해야 한다.

지금은 내 나름으로 설명할 수 있는데 선배에게 그 이야기를 들었을 때는 "그런 기술이 있었으면 처음부터 알려주지 그랬어요!"라며 억울하게 여겼다.

같은 말이라도 하늘과 땅 차이다! '뒤에 좋은 말을 하는 법칙'

말은 표현방식이나 순서에 따라 전해지는 느낌이 완전히 달라진다. 예를 들어 나는 칭찬할 때나 주의를 줄 때는 장점과 단점을 한꺼번에 이야기하려고 신경을 쓴다.

이때 강조하고 싶은 말은 반드시 뒤에 해야 한다. 뒤에 하는 말이 비중이 크기 때문이다. 같은 말이라도 하늘과 땅 차이다.

이번 달 영업실적이 아주 좋았다고 하자. 단순히 "열심히 해서 이번 달 판매액이 증가했어"라고 말해도 좋다. 하지만 장점과 단점을 한꺼번에 이야기하면 좀 더 효과적이다. "기획 단계에서는 잘 될지 조마조마했는데 열심히 해서 이번 달 판매액이 증가했어"라고 말하면 칭찬 효과가 훨씬 높아진다. 단점을 앞에 놓고 장점을 뒤에 놓으면 장점이 더욱 부각된다.

"우리 아이는 산수는 잘하는데 국어는 못해요"보다는 "우리 아이는 국어는 못하지만 수학은 잘해요"라고 말하는 편이 좋다. 이것도 긍정적인 이야기에 속한다. 국어와 산수의 실상은 동일하지만 긍정과 부정의 위치에 따라 느낌이 달라진다.

야단을 칠 때도 장점과 단점을 한꺼번에 이야기하는 편이 좋다. "산수 성적은 안 좋은데 국어는 열심히 노력해서 점수가 좋아졌네. 그나저나 산수는 어떻게 된 거야?"라고 해야 한다. 다짜고짜 "산수 성적이 이게 뭐야!"라고 하는 것보다 효과적이다. 야단치기만 한다는 인상이 없기 때문이다. 어른의 경우도 마찬가지다. "이번에는 어떻게 된 거지? 지난번에 제출했던 보고서는 아주 훌륭했는데……"라고 하면 야단치는 느낌보다는 격려해 주는 느낌이 든다. 사람을 발전시키고 적재적소에 쓰는 비결은 표현방식이나 순서에 있다.

인사 하나로 상대의 인상이 확 달라진다

사람과 사람의 거리감, 즉 친근감이 드느냐 마느냐는 인사 하나로 확연히 달라진다. 학원에서도 학부모와 거리감을 좁히기 위해 노력하고 있는데 사소한 커뮤니케이션조차 못하는 학원강사가 많다.

예를 들어 설명회 등 학부모를 학원에 초대할 때 환영의 표시를 하는 얼굴이나 몸가짐, 목소리가 너무 딱딱하다. "안녕하세요?"라고 인사를 할 때 "자네, 혹시 화났나?"라고 묻고 싶어지는 강사도 있다.

이래서는 안 된다. 학원에 도착하자마자 강사가 무서운 얼굴로 맞이한다면 학원의 인상이 안 좋아지게 된다. 사람을 대할 때는 웃는 얼굴을 보이면 된다. 그렇지 않으면 혹시 거드름을 피우느라 웃는 얼굴로 맞이하지 못하는 것은 아닌가, 라는 오해를 갖게 한다.

만일 자존심 때문에 웃는 얼굴을 짓지 않는 사람이 있다면 쓸데없는 자존심은 버려라. 기분 좋게 웃으며 "안녕하세요?"라고 인사하면 상대도 분명히 미소지으며 "안녕하세요? 날씨가 참 좋네요"라고 대답할 것이다. 이것이 커뮤니케이션이다.

커뮤니케이션을 위해서는 "안녕하세요?"라고 붙임성 있게 인사할 줄 알아야 한다. 물론 웃는 얼굴로 말이다. 간단한 인사만으로 커뮤니케이션은 형성되고 사람과 사람의 거리가 좁아지며 신뢰와 친숙함이 솟아난다. 어려움은 그 다음에 있다.

3. 두 가지 선택방식이 있다면 양쪽을 모두 취하라

어느 한쪽으로만 생각하기 때문에 일이 잘 진행되지 못한다

텔레비전을 봤더니 어느 만화가가 "수업에서 재미있는 것을 보여 주지 않기 때문에 학교가 붕괴된다는 말이 나온 다"라는 말을 했다. 하지만 학교 붕괴는 재미있는 것을 보여 줘도 일어나려면 일어난다. 나는 강의를 재미있게 하려고 여러 가지 방법을 동원하는데 그것만으로는 이런 붕괴를 막을 수 없다.

본질은 다른 곳에 있다. 그런데도 사람들은 대부분 현상을 보고 "A가 아니면 B다"라고 두 가지 가운데 하나로 결론을 내리고 싶어한다.

좋은 예가 학업과 운동의 관계다. "우리 아이는 입시에서 좋은 학교를 목표로 하고 있는데 운동 동아리 활동만 해서 난감하다"라는 상담을 종종 받는다. 이야기를 들어보면 학생의 성적이 좋은데도 교사를 포함한 어른들은 "시험이 가까워오니 지금부터는 동아리 활동을 줄이고 공부에 전념해라"라는 식으로 말한다. 하지만 나는 이런 생각이 잘못되었다고 생각한다. A와 B, 양쪽 다 하면 된다. 두 가지를 함께 하는 '그리고(and)'로 생각해야 한다.

양쪽을 모두 한다면 어떻게 해야 할까? 확실히 지금까지의 방식으로는 양쪽을 모두 잘 해낼 수 없다. 공부도 운동도 하려면 어떻게든 연구해서 시간을 만들어 내는 수밖에 없다.

예를 들어 아침에 늦잠을 잤다면 그 시간에 공부를 하거나, 오고 가는 차 안에서 만화책을 읽는 대신에 단어 하나라도 기억한다. 공부 방식 전체의 효율성을 향상시키면 되는 것이다. 효율적으로 공부하면 A와 B를 양립시킬 수 있고 새롭고 높은 무대로 나아갈 수 있다. 뭐든지 질질 끄는 사람은 두 가지를 양립시키기 어렵다.

사람은 대개 하양과 검정이 있으면 두 가지를 양극에 놓거나 양립하지 않는 것으로 생각하고자 한다.

'또는'이란 사고방식 때문인데 그보다는 '그리고'라는 사고방식이 필요하다. 서로 모순되어 보이는 것도 얼마든지 양립시킬 수 있다.

예를 들어 물이 안으로 스며들어가지는 않으면서 습기는 밖으로 내보내는 천으로 만든 옷이 야외활동복을 중심으로 판매되고 있다. 땅으로 환원되는 플라스틱도 개발되었다. 자동차 엔진도 강한 마력과 배기가스 정화 기능이 양립하고 있다.

전에는 한쪽 성능이 좋으면 다른 한쪽이 제대로 되어 있지 않았다. 하지만 '그리고'라는 사고방식은 새로운 방법을 생각해내고 훌륭하게 양립시킨다. 한쪽을 버린다는 사고방식에서 벗어나서 양쪽을 획득하는 높은 무대를 목표로 삼기 바란다.

최상의 선택은 양쪽을 모두 취하는 '그리고'에 있다

내가 몸담고 있는 교육계에서는 '대학은 교육의 장인가, 연구의 장인가'라는 논의가 활발하게 이루어지고 있지만,

늘 '또는'으로 생각하기 때문에 결론이 나오지 않는 것이다. 대학은 양쪽 모두에 해당된다. 대학은 연구를 하면서 교육도 해야 하는 곳이다. '연구기관이라는 측면과 교육기관이라는 측면을 양립시키려면 어떻게 하는 것이 좋을까?'를 논의해야 하는 편이 옳다.

이런 사실은 전문가도 잘 이해하지 못하는 듯하다. 내가 교사를 대상으로 주최하는 세미나에서도 교사와 학생의 관계가 '상하'이어야 하는지 '수평'이어야 하는지, 라는 질문이 나왔다. 교사가 너무 권위적이어도 안 되고 그렇다고 친구 같아도 곤란하다며 A와 B 사이에서 방황한다.

하지만 양쪽 모두가 필요하다. 교사가 위에 서서 가르쳐주는 부분도 있어야 한다. 하지만 강하게 명령을 내려도 학생 스스로 자발적으로 공부에 대해 의욕을 갖지 않으면 한계가 있다. 이를 위해서는 교사는 아이와 같은 관점에 서 있어야 한다. 어느 한쪽만으로는 안 된다.

교육에서 '그리고'의 사고방식은 아주 중요하다. "자유롭게 교육시키고 싶지만 미래를 생각할 때 좀 더 빈틈없이 공부를 시키고 싶어요. 하지만 내버려두면 걱정되고 공부벌레가 되는 것도 싫습니다. 어느 쪽에 비중을 두면 좋을까요?"라며 고민하는 부모가 많다.

두말할 필요 없이 '그리고'로 생각하면 된다. 예를 들어 내 아이가 엘리트 과정을 거쳐 성공했다고 하자. 여기까지는 공부의 성과다. 공부와 일을 잘해도 남에게 냉정한 사람으로 교육시켰다면 과연 부모는 기분이 좋을까? 그것이 부모가 진정으로 바라는 모습일까?

물론 입시는 무시할 수 없다. 인생의 한 순간에 입시를 위해 노력하는 것은 귀중한 체험이다. 따라서 열심히 노력해야 한다. 그렇다고 해서 인격형성이나 인간성 교육을 무시해서는 안 된다. A와 B를 양립시키는 연구가 대전제다.

'그리고' 라는 사고방식은 어디든 적용시킬 수 있다. 장사를 하는데 근처에 강력한 경쟁점이 생겼다. 거기에 대항하기 위해 '낮은 가격' 또는 '고급화' 라는 경영방침을 선택한다고 하자. '낮은 가격' 이라면 유니클로(Uniqlo. 일본의 저가 브랜드)가 떠오르고 '고급화' 는 루이뷔통(Louis Vuitton)이란 브랜드가 떠오른다.

그런데 이때도 '그리고'로 생각하면 된다. 낮은 가격을 추구하면 품질경쟁이 생기고 고품질을 추구하면 가격경쟁이 생겨서 최상의 수준으로 발전한다. '그리고' 라는 사고방식이어서 가능한 일이다. 실제로 유니클로는 낮은 가격을 추구하면서 고품질로 매출을 늘렸다.

무슨 일이든 균형이 중요하다

나는 학생들이 강의에 집중하게 만들려고 가끔 장난을 친다. 칠판에 글씨를 쓰면서 일부러 분필을 뚝 부러뜨리거나 교단에서 발을 헛디디는 등 바보 같은 행동도 연구했다.

하지만 이런 일은 때와 장소, 상황을 보면서 해야 한다. 한 가지 형식으로는 안 된다. 나는 다른 강사가 여러 번 담당해서 실패했다는 초등학교 6학년의 어느 '문제' 학급에서 강의를 한 적이 있다.

처음에는 아무 장난도 하지 않고 강의실에서 1시간 동안 분위기를 살폈다. 문제가 있는 학급이라는 사실을 알고 들어갔으므로 무서운 느낌으로 밀고 나갔더니 학생들이 다소 긴장한 듯했다. 이런 경우 처음부터 재미있는 장난을 쳐도 되지만 강사를 우습게 여길 위험이 있다.

그렇다고 해서 무섭게만 해서도 안 된다. 원만한 인간관계를 먼저 구축하고 나서 장난을 치거나 재미를 주어야 한다. 이때도 두 가지를 양립시켜야 한다는 점이 중요하다.

단순히 가르친다, 배운다가 아니라 사람과 사람의 교류가 있어야 비로소 수업은 재미있어 진다. 수업이 재미있으면 학생은 교사를 존경한다. 그리고 수업이 재미있으면 학생은 교사를 따른다. 교사가 말하는 것을 학생이 잘 듣기 때문에 생활지도가 편해지고 학교 붕괴라는 사태는 당연히 일어나지 않는다.

양립시키라는 말은 중간을 선택하라는 말이 아니다. 한층 높은 새로운 무대에 올라서는 것이다.

4장
'가르치는 능력'은 가정에서도 활용할 수 있다

이치를 설명하면 아이도 이해한다.
긍정적인 사고방식과 긍정적인 이야기를 하며
최대한 칭찬하려고 노력해야 한다.

1. 정말로 원하는 것이 무엇인지 곰곰이 생각하라

아이가 힘차게 달릴 수 있는 운동장을 마련하라

아이든 어른이든 사람이라는 나무의 뿌리는 가정에 있다고 생각한다. 학교나 교우관계가 아니라 사람의 근본은 가정에 있다.

흔히 가정환경이라는 말을 하는데 자라나는 땅의 양분과 색조, 습기가 사람의 삶과 사회생활에 여러 가지 빛을 비추어 주고 그림자는 걷어낸다.

나는 나와 관련되어 있는 입시라는 매개체를 통해 각 가정의 토양을 지극히 단적이지만 미루어 짐작한다.

'아, 이 가정의 땅은 매우 양분이 풍부하구나. 습기도 적당하고 잘 자랄 수 있겠다.'

반대로 어떤 가정은 바싹 메말라서 물을 뿌려주고 싶을 정도로 황량하다.

바꿔 말하면 가정은 달리기를 하는 운동장이다. 가정에는 안심하고 달릴 수 있는 운동장이 있어야 한다. 아이가 운동장 저쪽에서 공을 몰고 달려오기 시작할 때 만일 그곳에 커다란 돌이 굴러다니거나 구멍이 파여 있다면 안심하고 전력 질주를 할 수 없다.

운동장이나 돌, 구멍은 모두 비유에 불과하다. 가정은 아버지와 어머니 사이가 정말로 좋아야 한다. 아이가 학교에서 걱정거리나 스트레스를 갖고 집에 돌아왔을 때 훌훌 털어 버릴 수 있는 장소가 가정이어야 한다. 부모가 한번이라도 아이에게 공부 말고 어떤 어른이 되기 바란다며 진지하게 이야기를 한 적이 있는가?

대부분의 가정에서는 아마도 이런 이야기를 하지 않을 것이다. 아버지와 어머니가 아이를 키우는 방침이 일치하는가, 진지하게 아이를 키우는 일을 고민하는가 등 여러 가지 질문을 하면 그 가정에 어떤 돌이 굴러다니고 구멍이 파여 있는지 훤히 보인다.

돌은 제거하고 구멍은 메워야 한다. 아버지도 어머니도 함께 달릴 수 있는 운동장으로 정리해야 한다. 이 작업이 끝나면 다음에는 아이의 등을 가볍게 떠밀면 된다. 아이는 일일이 도와 주지 않아도 스스로 달릴 수 있다.

운동장 정리가 제대로 되어 있지 않을 때는 아이는 똑바로 자라나거나 마음껏 달릴 수 없게 된다. 남의 아픔을 이해하는 어른으로 성장하지 못한다. 아버지, 어머니는 아이에게 달리기만 요구하지 말아야 한다. 부모 자신도 아이를 위해 해 줄 수 있는 것은 모두 다 해야 한다.

부모가 죽기 전에 아이에게 원하는 것

"만일 당신의 목숨이 앞으로 3시간밖에 남지 않았다면 아이에게 무슨 말을 하고 싶은지 종이에 써 주십시오."

어머니들에게 이런 요구를 하면 의사나 고급 공무원이 되기 바란다고 쓰는 사람은 거의 없다. 나다중학교, 나다고등학교에 합격하기 바란다거나 도쿄대학에 들어가기 바란다며 평소 강하게 말하는 사람도 생각에 잠긴다.

3시간밖에 자신의 생명이 남지 않았다는 절박한 질문을

하면 대부분의 어머니는 이렇게 쓴다.

'남의 아픔을 이해하는 마음이 따뜻한 사람이 되어라. 남에게 도움이 되고 남의 기쁨을 함께 기뻐하고 남의 슬픔을 함께 슬퍼하는 존경받을 수 있는 훌륭한 사람이 되라.'

쓰는 말이 모두 비슷비슷하다. 어느 한 사람 명문 사립학교, 대학교에 들어가라고 쓰지 않는다.

"어머니, 아이에게 전하고 싶은 메시지를 여기 쓰셨죠. 이것을 남편과 이야기한 적이 있습니까? 아이와 무릎을 맞대고 가족이 모여 이런 이야기를 한 적이 있습니까?"

그러면 대부분 없다고 대답한다. 하지만 어머니는 아이가 나다중학교, 나다고등학교에 들어가고 도쿄대학을 졸업한 후 좋은 곳에 취직해서 행복하게 살 것이라고 믿는다. 하지만 사실은 어머니가 마음 속에 그리는 행복은 다른 곳에 있고 그 염원을 종이에 쓴 것이다. 진심은 다른 것이다.

자신이 쓴 글을 앞에 놓고 있는 어머니에게 나는 다시 질문한다.

"나다중학교, 나다고등학교, 도쿄대학에 진학하고 도쿄와 뉴욕, 런던 등 전 세계를 돌아다니지만 어머니 생일날 아무런 축하 인사 한 마디 하지 않는 아이가 있습니다. 반면 도쿄대학에 들어가지는 못했지만 취직한 후 첫 월급으로 어머니에게는 스카프를, 아버지에게는 넥타이를 선물하는 아이가 있습니다. 어머니는 어느 아이가 좋으세요?"

대부분 뒤에 이야기한 아이가 좋다고 한다. 그래서 나는 어머니들에게 착각하면 안 된다고 말한다.

"결국 입시는 목적이 아닙니다. 단지 과정일 뿐입니다. 입시를 통해 당신의 가정에 있는 돌을 제거하고 구멍을 메우십시오. 그리고 그 일을 옆에서 도와 주는 것이 저희의 일입니다."

이렇게 이야기하면 어머니, 아버지는 자신의 상황을 직시하고 아이에 대한 자신의 위치를 확인한다. 사람의 뿌리는 가정에 있다는 사실을 잊지 않기 바란다.

2. 이야기를 하고 싶다면 먼저 들어주는 일부터 시작하라

학원은 수험생과 그 가정의 상담소이기도 하다

학원에서는 1년에 몇 번씩 학생과 상담을 한다. 그때 정말로 다양한 이야기가 나온다.

학생이 학원을 그만두고 싶다고 하는 것은 항상 있는 일이다. 최고 수준의 학원이라고 해도 공부에 대한 노력은 아이에 따라 모두 다르다. 그 중에는 공부가 힘들어서 학원을 그만두고 싶다는 아이도 있다. 매일 힘들게 공부해야 하는 현실이고 보면 무리도 아니다.

집에서는 부모와 아이가 이런 문제로 싸움을 한다. 아버지보다는 대개 어머니가 아이에게 이렇게 말한다.

"힘들게 비싼 학원에 보냈더니 지금 무슨 말을 하는 거야!"

아이도 감정적이 되어 말대꾸를 하고 큰 싸움으로 발전한다. 싸움의 영향은 학원까지 미친다. 특히 시험기간이 다가오면 학원이 피신처 같은 상황이 된다.

학원 강사는 학생의 공부를 지도하는 것 외에 학생과 부모에 대한 정신적인 보살핌도 중요하게 여기고 있다. 어머니가 화를 내거나 초조해 하면 아버지도 그 영향을 받아 불안해 하고 결국 아이의 입시에 큰 지장이 생긴다.

이런 경우 학부모와 상담을 할 때 주의를 기울이지 않으면 큰 혼란을 초래할 수도 있다. 자칫 "아이를 더는 학원에 보내지 않겠습니다"라는 사태에 빠질 수 있으므로 학원에서는 상담에 각별히 신경을 써야 한다.

굶주린 사자는 누구를 잡아먹는가?

아이가 공부에 의욕을 보이지 않는다는 상담이 많다. 집에 돌아오면 만화책이나 컴퓨터게임만 하고 공부를 하지 않는다거나 여름방학이 끝나고 시험이 얼마 남지도 않았는데 게으름을 피우고 있다는 것이다.

일반적으로 강사와 학부모 둘이서 상담을 하는데 이런 경우에는 반드시 강사, 학부모, 아이, 셋이서 이야기하는 것이 좋다. 병원이라고 하면 그런 아이는 환자에 해당되므로 눈앞에 반드시 당사자가 있어야 한다. 세 명이 모두 모이는 것이 상담의 전제조건이 된다.

이런 경우 나는 '굶주린 사자 이야기'를 종종 들려준다. 일부러 어머니의 마음에 감동을 주는 이야기를 한다. 하지만 내가 직접 이야기를 하는 상대는 학생이다.

"배가 고파 먹이를 찾아 헤매는 사자가 갑자기 여기로 들어왔다고 하자. 야생동물은 몸이 작고 약해 보이는 상대를 먼저 노린다. 사자도 당연히 그렇겠지?"

그리고 아이에게 질문한다.

"여기서 사자가 제일 먼저 누구를 목표로 삼을까?"

"저요"

아이는 대답은 했지만 그 의도는 알지 못한다.

"그래, 사자는 분명히 너부터 잡아먹을 거야. 그런데 미안하지만 나는 너를 지켜주지 못한다. 너무 기분 나쁘게 생각하지 마. 선생님도 딸린 가족이 있거든. 어쩌면 네가 사자에게 잡아먹히는 사이에 도망칠지도 몰라. 하지만 한 사람만은 사자 앞을 가로막고 자신의 몸을 던져 사자에게 잡아먹히더라도 그 사이에 너한테 도망치라고 얘기할 거야. 그 사람이 누군지 알겠니?"

"어머니요."

학생은 자신만만하게 대답한다. 그 순간 어머니는 손수건을 꺼내 들고 감정이 북받치는 것을 필사적으로 참는다. 사랑하며 키운 아이에 대한 마음이 주마등처럼 머리를 스치고 지나는 모양이다. 정확히 말하면 내가 억지로 그 감정을 유도한 것이다.

"네가 태어난 날부터 어머니가 너를 어떤 마음으로 키웠는지 아니? 선생님은 네 어머니가 아니지만 잘 알고 있어."

그리고 묻는다.

"너는 처음에는 걸을 수도 없는 갓난아기였어. 아무 데도 가지 못하는 너를 어머니가 어떻게 했을 거 같니? 조그만 너를 안고 다녔어. 어머니의 팔에 안겨 있던 따스한 느낌이 기억나니?"

어머니는 이윽고 눈물을 뚝뚝 떨어뜨린다. 눈물로 마스카라는 얼룩지고 마치 투탕카멘(Tutankhamen)과 같은 모습을 하고 있다. 아이는 어머니가 우는 모습을 보고 따라 운다. 내 의도대로 된 것이다.

"사자가 왔을 때 너를 지키기 위해 자신의 목숨을 바치는 사람이 지금 울고 있어. 그렇게 소중한 사람을 울리면 너는 사람도 아냐."

실제로 울리는 사람은 나다. 어머니는 사자 이야기 때문에 울고, 공부하지 않는 아이 때문에 운다. 분위기가 어수선해지지만 아이는 울면서 귀를 기울이고 있다.

"자, 너의 평소 생활은 어떠니? 어머니는 너를 걱정하고 있어. 공부? 물론 중요해. 합격? 하면 좋지. 어머니의 본심을 말하면 입시 결과는 문제가 아냐. 열심히 노력해서 정해진 목표를 향해 나아가는 네 모습을 어머니는 보고 싶어하는 거야. 자신이 죽어 없어진 후가 걱정이 되기 때문이지. 그런데 어때? 너는 지금 그렇게 하고 있니?"

"아니오."

아이의 얼굴은 눈물로 뒤범벅이 되어있다.

"아니지? 그러면 내일부터 어떻게 해야 할까?"

이렇게 동기 부여를 한다.

"열심히 하겠습니다."

그 아이는 적어도 1주일 동안은 딴사람이 된다

하나를 이야기하고 아홉을 듣는 것이 가장 좋은 해결법이다

"제가 뭘 어떻게 해야 할지 모르겠어요."

이런 식으로 학부모가 혼란스러워 할 때는 아이를 빼고 상담한다. 대개 문제의 근본은 아이를 떠나 좀 더 복잡한 요소로 얽혀 있다.

중요한 점은 상대의 이야기를 철저히 듣는 것으로 하나를 이야기하고 아홉을 들어야 한다. 상담을 할 때 무슨 말이라도 좋으니 학부모가 마음 속에 쌓아 두었던 것을 모두 털어놓을 수 있도록 해야 한다. 어떤 어머니는 1시간 30분 동안 계속 이야기하기도 한다. 그 정도로 어머니들이 속상한 일이 많은 것이다.

아이 문제로 출발해서 가정불화, 이웃 문제 등 실로 다양한 고민을 이야기한다. 그 중에서 가장 많은 고민은 남편이 아이를 교육시키는 데 협력하지 않는다는 것이다. 이때 '그렇구나. 상담의 핵심은 거기에 있을지도 모르겠다'고 추측을 한다.

상담을 하는 쪽에서 아홉을 이야기하면 안 된다. 아는 체하며 '아이는 지금 이렇고 저렇고, 그러니까 어머니는 이렇게 하세요'라고 하면 역효과가 난다. 그러면 어머니는 눈앞에서 문이 닫히는 듯 울분과 허무함을 강하게 느끼게 된다.

겉으로는 "아, 그래요. 감사합니다"라고 말하고 집으로 돌아갈 것이다. 하지만 어머니는 사실 그런 말을 원하지 않는다. 자기 마음을 알아주지 못하는 상담자에게 환멸을 느끼고 머지 않아 학원을 그만두게 하겠다고 말하러 온다.

요컨대 상담의 핵심은 이야기의 끝이 어디인지를 파악하는 데 있다. 따라서 처음부터 이야기를 잘 들어주어야 한다. 이야기를 들으면 상황이 이해가 되고 괴로움의 근원이 보인다. 울분이 모두 해소되면 기분이 상쾌해진다.

모든 이야기가 끝나고 숨을 돌릴 때 한마디 건넨다.

"어머니, 많이 힘드시겠어요. 남편께서 협력해 주시지 않으니 참 쓸쓸하시겠어요."

이 말 한 마디가 아주 중요하다. 어머니는 무엇보다 공감을 원한 것이다.

"혼자서 모두 짊어지고 무슨 일이든 스스로 결정해야 하는군요. 무척 괴롭고 힘드시겠어요."

이렇게 말하면 감정이 북받쳐서 서럽게 우는 어머니가 많다. 자신도 몰랐지만 맺힌 마음이 있었고 그것을 이해해 주는 사람을 기다리고 있었던 것이다.

"이제 괜찮습니다. 앞으로 저희가 뭐든 도와드리겠습니다. 저희에게 맡겨 주세요."

장황한 이야기는 필요 없다. 어머니들은 "저희에게 맡겨 주셔요"라는 한 마디에 굉장히 안도감을 느끼는 듯하다. 설명은 오히려 방해가 된다. 무엇보다 확신을 갖고 감동을 주는 일이 중요하다.

그 다음에 "취미는 있으세요?"라고 어머니 자신에게 화제를 돌린다. 꽃꽂이를 배운다거나 테니스를 한다고 대답을 하는 사이에 어머니의 얼굴은 이미 밝아져 있다. "그럼 운동을 시작하는 게 어떨까요?"라는 식으로 내면의 고민으로 빠지기 쉬운 시선을 외부로 유도한다.

마지막에 다시 "괜찮아요. 저희가 옆에 있습니다"라고 말하면 어머니들은 학원 강사를 열렬하게 지지해 준다. 이렇듯 상담을 할 때는 먼저 듣고, 그 다음에 가장 원하는 것을 발견하고 제시해 주는 일이 중요하다.

과거의 상처는 함부로 건드려서는 안 된다

이야기를 철저히 들어 준다는 원칙을 잊으면 때로는 상대에게 깊은 상처를 줄 수도 있다. 우리 학원에 다니는 어느 집 장남의 이야기다. 나는 그 학생이 속한 학급을 담당했다. 상담을 하기 전에 나는 그 집과 관련된 자료를 보았다.

학생과 상담을 하기 위해서는 부모가 어떤 일을 하는지, 가족 구성이 어떻게 되는지 등을 반드시 확인해야 한다. 만일 보호자가 독신이라면 이혼이나 사별을 했으리라 추측하고 조심스럽게 이야기를 해야 한다.

그 학생의 어머니는 아이가 셋이었는데 막내가 네 살 때 침대에서 떨어져 죽었다고 자료에 써 있었다. 그런데 이 사실을 상담할 때 그만 깜박 잊어서 문제가 발생했다.

나는 어머니의 이야기를 듣는 사이에 장남인 그 학생에게 과도하게 간섭하고 보살피는 경향이 있음을 발견하고 한 차례 이야기를 들은 후 이렇게 말했다.

"어머니, 어머니께서 간섭이 좀 지나치신 듯합니다. 여러 가지 걱정하는 마음은 잘 알고 있지만 아이는 그냥 내버려두어도 잘 큽니다."

이 말을 하자마자 어머니의 얼굴은 창백해졌고 몸을 부

들부들 떨었다. 분노로 온몸을 떠는 것이었다. 그때서야 나는 퍼뜩 자료가 생각났다.

'아, 실수했다. 잘못 말했어.'

아이를 사고로 잃고 몇 년 동안 괴로워하고 있는 어머니에게 위로는 못할 망정 오히려 설교하듯 "아이는 그냥 내버려두어도 잘 큽니다"라고 말한 것이다. 후회해 봤자 소용없었다. 나는 무슨 말을 어떻게 해야 할지 몰랐다.

"선생님이 제 기분을 아실 리가 없죠. 그 동안 정말 고마웠습니다."

이 말을 남기고 그 어머니는 조용히 돌아갔다. 물론 그 학생도 학원을 그만두었다. 전화를 걸어도 받지 않았다.

그때 진실이라고 해서 모두 말해서는 안 된다는 것을 뼈저리게 깨달았다. 확실히 아이는 그냥 내버려두어도 잘 큰다. 이것은 진실이지만 그 어머니에게는 해당되지 않는 진실이었다. 사람의 마음에는 건드려서는 안 되는 상처가 반드시 존재한다. 진실을 말함으로써 상처가 폭발할 수 있다.

만일 내가 조심성 없게 이야기하지 않고 어머니의 말을 계속 잘 들어 주었다면 그쪽에서 "사실은 예전에 막내를 사고로 잃었습니다"라고 했을지도 모른다. 그랬다면 어머니의 마음 속에 감추어져 있던 자책과 후회, 아이에 대한 복잡한 심정을 이해할 수 있었을 것이다. 이 일은 내게 뼈아픈 교훈이다. 그 후에는 크게 반성하고 남의 이야기를 최대한 많이 들어주고 있다.

3. 아이도 어엿한 인격체이므로 친절하게 설명해 주어야 한다

이치를 설명하면 아이도 이해한다

우리 집 식구는 나, 학창시절에 알게 된 아내, 큰딸과 큰 아들, 막내딸 이렇게 다섯이다. 식탁에는 4명만 앉을 수 있어서 밥을 먹을 때는 늘 나만 혼자 불쌍하게 따로 먹는다. 그래서 오각형 식탁이 있으면 좋겠다는 생각을 하기도 했다.

큰딸은 초등학교 3학년으로 공립학교를 다니고 있다. 큰 아들은 초등학교 1학년이고 막내딸은 유치원에 들어갔다. 집에는 세 아이의 장난감이 항상 어지럽게 널려 있다. 밤늦게 귀가했을 때는 어두운 방안을 걷는 것이 두렵다. 실제로 장난감을 밟아 여러 번 다치기도 했다.

거창한 교육방침은 없지만 나는 늘 긍정적인 사고방식과 긍정적인 이야기를 하며 아이들을 최대한 칭찬하려고 노력한다. 그리고 수시로 아이들을 꼭 껴안아 준다. 특히 신경 쓰는 부분은 함부로 말하지 않고 정확히 설명해 준다는 점이다.

아이들은 언제나 장난을 친다. 그럴 때는 야단을 치게 되는데 반드시 이런 말을 덧붙인다.

"아버지는 너희가 너무 좋아. 너희가 태어났을 때 얼마나 기뻤는지 모른단다. 앞으로도 계속 밝고 건강하게 살아가기 바래. 아버지가 열심히 뒷바라지를 해 줄 게. 하지만 그것과 오늘 너희가 한 행동은 완전히 별개야. 세상에는 해도 되는 일과 해서는 안 될 일이 있어. 앞으로 살아가면서 같은 행동이라도 어떤 때는 해도 되고 어떤 때는 해서는 안 되는 등 복잡한 일이 참 많이 있을 거야. 하지만 어떤 때든 절대로 해서는 안 되는 일이 있어. 왜 네가 한 장난이 안 되는지 정확히 설명해 줄 게. 이런 부분이 안 되기 때문에 아버지가 '해서는 안 된다'라고 말한 거다. 오늘은 처음으로 장난을 쳤지만 다음부터는 두 번 다시 그러면 안 돼. 만일 같은 잘못을 또 하면 '아버지가 너희에게 알려준 일은 지킬 수 없어'라고 야단칠 거야. 너희가 한 장난이 전부 나쁘다는 건 아냐. 아무리 봐도 나쁜 부분만 확실히 지적해 줄게. 아버지가 너희를 좋아하는 마음은 변함이 없단다."

막내에게는 아직 무리지만 큰딸과 큰아들에게는 이렇게 이야기한다. 전에는 초등학교 3학년 정도면 이야기를 귀담아듣지 않으리라 생각했는데 경험해 보니 그렇지가 않았다. 조리 있게 이야기하면 어린아이라도 반드시 이해한다. 귀찮다고 "된다", "안 된다"라고 결론만 강요하면 아이는 이해를 하지 못한다.

이 점에 대해서 많은 것을 발견했다. 학원에서 학생들을 보며 품었던 아이 키우기에 대한 불안도 지금은 상당히 줄어들었다. 어려운 이유라고 해도 조리 있게 이야기하면 아이는 틀림없이 이해한다는 사실을 깨달았기 때문이다.

아이를 야단칠 때는 속마음을 설명한다

아이를 키우고 교육시키는 방법 가운데 '반드시 무엇이 좋다'는 것은 없다. 나는 나름으로 '이렇게 하겠다'라는 가치관은 갖고 있다. 하지만 이 가치관이 어느 집이나 통하지는 않는다. 객관적으로 옳다고 말하기 어렵고 사람은 모두 다르기 때문이다.

그런데 많은 학생과 부모를 만나면서 느끼는 점은 야단치거나 설교를 할 때 교육을 위해서 하는지, 그렇지 않으면 화가 나서 감정을 표출하는지 분간을 하지 못하는 사람이 많다는 것이다. 게다가 이야기를 점점 비약시키기도 한다.

"너, 지난번에 이렇게 했지. 그 전에는 그렇게 했고. 가만히 생각해 보니 언제 언제는 이런 일을 해서 내가 그 때……"라고 말하다가 결국 "너는 내 아들이 아냐!"라는 막말까지 내뱉고 만다. 이런 상황이 도대체 어떤 교육적 효과가 있을지 의문이다.

부모는 마구 몰아세워서 속이 시원할지 모르지만 이런 말을 들은 아이는 견디기 힘들어 한다. 불같이 화를 내는 부모는 아이가 자신의 말을 잘 듣고 있는지 알 수 없지만 아이는 심각하게 모든 말을 받아들이고 있다. 아이의 마음 속에는 분노의 감정이 부글부글 끓어오른다.

하지만 아이는 논리정연하게 반론하지 못한다. 자신이 왜 야단을 맞는지조차 알지 못할 때도 있다. 가슴 속에 가득 쌓인 불만을 친구에게 분풀이를 하거나 문제를 일으키기도 한다.

나는 이런 경우를 여러 번 보았다. 그래서 나는 아이들을 야단칠 때 목적이 어디에 있는지 정확하게 하자고 아내와 합의했다.

단순한 분노는 아이의 가슴에 불만만 남길 뿐이다

얼마 전에 놀이공원 레스토랑에서 있었던 일이다. 레스토랑에서 물을 먼저 갖다줬는데 아내가 아이 앞에 놓여진 물을 "엎으면 곤란하니까 가운데 두자"라며 옮겼다. 그러자 아이는 물을 마시겠다고 고집을 부리며 자기 쪽으로 가져갔다.

마침 그때 물수건이 나왔고 아이가 그것을 펼치는 순간 반동 때문에 컵이 쓰러졌다.

"왜 엎질렀어? 그래서 내가 이쪽에 두자고 했잖아."

아내는 몹시 화를 냈다.

"이거 어떻게 할래. 테이블이 다 젖었잖아! 빨리 수건으로 여기 닦아!"

아이는 결국 울음을 터뜨렸다.

놀이공원은 즐겁게 놀기 위해서 오는 곳이다. 나는 아내와 아이의 기분이 가라앉기를 기다렸다가 이야기했다. 아이 앞에서 엄마를 나쁘게 말하는 것은 문제가 있으므로 먼저 아이에게 엄마가 야단친 이유를 설명했다.

"아까 엄마가 큰소리로 야단쳤잖아. 왜 그랬는지 아니? 엄마는 물을 쏟은 게 화가 난 거야. 하지만 정말로 하고 싶었던 말은 그게 아냐. 왜 엄마가 그런 식으로 얘기했는지 모르지? 속마음은 이런 거야."

아이가 다소 어려워하더라도 나는 자세하게 가르쳐 준다. 아이는 "뭔지 모르겠어요"라고 대답한다.

"네가 물을 쏟기 전에 엄마는 엎으면 곤란하니까 가운데 두자, 라며 옮겼지. 그런데 너는 물을 마시겠다고 네 쪽으로 다시 가져다 놨고. 그래서 물이 엎질러졌지?"

"네."

한 마디 한 마디 아이의 반응을 살피며 이야기했다.

"엄마 아빠는 유짱보다 훨씬 오래 살았지?"

우리 아이의 이름이 유(ユウ)다.

"그러니까 물을 여러 번 쏟은 적이 있어. 어떤 상황에서 물이 엎질러지는지, 엎질러지면 옷이 젖어 기분이 나쁘다는 걸 잘 알고 있어. 지금 우리 옷도 다 젖었잖아. 놀이기구

이용권도 젖었고. 너도 물에 젖는 게 싫지?"

아이는 "네"라고 대답한다.

"하지만 물에 젖어버렸어. 엄마는 그렇게 되지 않도록 컵을 가운데로 치운 거란다. 이런 걸 '유비무환(有備無患)'이라고 하지."

한자성어도 하나 알려주었다.

"엄마는 유짱에게 유비무환을 가르쳐 주었는데 그것도 모르고 넌 네 쪽으로 컵을 마음대로 옮겼어. 그랬다면 유짱은 '절대로 물을 엎지르지 않겠습니다'라며 책임을 졌어야 해. 하지만 물을 엎질러서 너는 그 책임을 다하지 못했어. 엄마는 그래서 화가 났던 거란다. 하지만 엄마는 '책임을 다했어야지'라고 하지 않고 '왜 엎질렀어?'라고 말했어. 사람은 화가 나면 본심과 다른 말부터 한단다. 그러니까 말을 곧이곧대로 받아들이면 안 돼. 왜 그런 말이 나왔을지 생각할 줄 알아야 해. 앞으로는 자기 앞에 컵이 있을 때는 물수건을 조심스럽게 펴야 해. 알았지?"

"네. 그럴 게요."

"오늘은 좋은 걸 하나 배웠구나. 좋아, 이제 안 그러면 돼. 사람은 같은 실수를 반복해서는 안 돼. 자, 이제 설명

끝. 아까 엄마가 화낼 때 유짱은 무슨 생각을 했니?"

이것은 아내가 들으라고 하는 소리다.

"무서웠어요. 그리고 화가 났구요."

어린아이도 화를 낸다. 말을 하지 않는다고 아무 느낌도 없는 것이 아니다. 하지만 엄마가 야단친 이유를 모두 설명하니까 아이도 자신이 잘못했음을 깨달았다.

"유짱, 아빠 설명을 듣고 나니 어떤 생각이 드니?"

"제가 잘못했어요."

나는 항상 아이에게 친절하게 대한다. "해준 말을 하나하나 공부해서 점점 똑똑해지고 있어. 유짱은 정말 착한 아이야"라고 칭찬해주면 "아빠는 저를 좋아하세요?"라고 묻는다.

4. 아버지는 좀 더 가정에 충실해야 한다!

어머니가 고른 사진 3장

최근 아동학대가 굉장히 많아졌다. 멀리 갈 것도 없이 우리 학원에도 가정에서 학대를 받는 아이가 있었다. 평소 문제를 자주 일으키는 아이였는데 항상 손등에 아물지 않은 상처가 있었다. 왜 그러냐고 물었더니 의외로 순순히 "엄마가 가위로 찔렀어요"라고 대답했다.

내가 학원에 있는 동안 이런 아이를 몇 명 보았는데 3년에 1명 정도 있었다. 어머니에게 아이를 괴롭히는 이유를 물을 때 "왜 그러셨어요?"라고 하면 방어적으로 나온다. 그래서

"도대체 뭐가 그렇게 만드나요?"라고 묻는다. 그러면 그 어머니는 "아이를 어떻게 대해야 할지 모르겠어요. 분노가 학대라는 형태로 나타납니다. 저는 엄마 자격이 없어요"라고 자책하며 흥분한다.

내가 생각하기에 대부분의 경우 어머니의 정신적인 안정이 중요한 것 같다.

이야기를 들어보면 어머니 자신이 부모에게 애정을 충분히 받지 못했거나 어릴 때 학대를 당한 경험이 있다고 한다. 전문가는 아니지만 학대라는 문제의 근본에는 복잡한 요소가 얽혀 있는 듯하다.

그 가운데 나와 상담을 한 후 아이를 학대하지 않게 된 어머니가 있었다. 물론 그 어머니는 아이를 진심으로 사랑하고 있었다. 아이를 사랑하고 있으므로 아이의 미래를 위해 비싼 돈을 들여 학원을 보냈다. 하지만 한편으로는 아이를 학대했다. 그래서 나는 그 어머니와 이야기를 하기 위해 학원으로 오시라고 했다.

집에서 학원까지는 걸어서 10분 정도로 가까웠다. 우선 1시간 동안 어머니의 이야기를 들어 주고 적당한 순간에 "학생의 아기 때 사진 중에 가장 귀여운 걸 1장만 갖다 주세요"

라고 부탁했다. 어머니는 집으로 돌아갔다.

예상은 하고 있었지만 학생의 어머니는 좀처럼 학원으로 돌아오지 않았다. 1시간 30분 정도 지난 후에야 돌아온 어머니는 사진을 3장이나 갖고 왔다. 전부 귀여워서 1장만 가져올 수 없었다고 한다.

옛날 사진은 한번 보기 시작하면 계속 들여다보게 된다. 그 어머니도 사진을 자꾸 보았던 것이다. 학원에 돌아왔을 때는 어머니의 얼굴은 아주 평온해 보였다. 그날 처음 얼굴을 대했을 때와 완전히 다른 사람이 되어 있었다.

애정의 시초를 떠올리며 흘렸던 눈물

사진 3장을 보니 아이는 태어난 지 얼마 안 되었을 때라 귀엽기는 한데 꼭 원숭이 같았다. 하지만 어머니에게 그런 말은 하지 않았다. "참 귀엽네요"라고 한 후 "얘가 태어났을 때 기분이 어떠셨습니까?"라고 물었다.

그러자 어머니는 "기뻤어요"라며 눈물을 뚝뚝 흘렸다. 결혼한 지 3년만에 얻은 아이로 자신의 목숨과 바꿀 수 있을 정도로 소중했다고 한다. 어머니의 눈물을 바라보며 나는 "아이가 태어나서 정말 기쁘셨죠"라며 이야기를 이어갔다.

"아이가 웃기만 해도 행복하셨을 거예요. 그런데 지금은 아니신 듯하네요. 어릴 때는 엄마, 엄마, 하며 따라다녀서 얘는 내가 없으면 안 되겠다는 마음으로 정성껏 키우셨을 거예요. 아이를 지켜주고 싶어서……. 하지만 아이가 20세 가 되고 30세가 되어도 어머니만 졸졸 따라다니면 어떨까 요? 곤란하겠죠. 아이는 반드시 부모에게서 독립할 때가 옵 니다. 성장하면서 때로는 반항하기도 하고 주제넘은 소리도 하고 보기 흉하게 머리를 하고 다니기도 합니다. 사람은 누 구나 이런 시기를 거칩니다. 이건 성장하고 있다는 증거예 요. 아이는 지금 훌륭하게 크고 있어요. 앞으로 아이를 대할 때 이 사진을 먼저 30초 정도 봐주시지 않겠습니까? 그러실 수 있죠?"

그 어머니는 털썩 쓰러져서 흐느끼기 시작했다.

"지금까지 고생을 정말 많이 하셨군요. 아이를 키우는 건 몹시 힘든 일이에요. 한 사람의 성장을 지켜보는 것이니 까요. 어머니는 어른이시니까 그만한 정신연령을 갖고 계 십니다. 아이는 아직 아이의 정신연령에 머물고 있고요. 그 런 아이와 같은 위치에 서 있으면 어머니가 일부러 정신연 령을 낮추는 셈이 되겠죠. 아이보다 위에서 아이의 손을 끌어당겨 계단을 하나씩 올라가야 합니다. 자신의 정신연령을 높였다 낮췄다 하는 건 정신적으로 너무 피곤해요. 하지만 이제까지 잘 해 오셨어요. 설령 화가 나시더라도 아이가 자아를 확립하고 자기 주장을 할 수 있을 때까지 뒷바라지를 해 주셔야 합니다. 어머니의 교육방식은 특별히 잘못된 점이 없고 어머니는 멋지고 강하십니다."

그러자 어머니는 엉엉 소리내서 울었다. 실컷 울고 난 후 마음에 안정이 찾아 왔고 그날 이후 더는 아이를 학대하지 않게 되었다.

남편은 아내에게 감사와 배려하는 마음을 표현해야 한다

어머니가 아이를 학대할 때 잠재된 불만을 들어줄 수 있는 사람은 배우자밖에 없다. 그런데 실제로는 아버지들이 그 역할을 제대로 하지 못한다.

처제가 아기를 낳은 지 12개월도 되지 않았을 무렵 동서는 회사에 다니느라 바빠서 늘 밤늦게 귀가했다. 그래서 처제는 하루 종일 아기와 둘이서 지냈다. 처제는 아기가 울면 짜증이 났다고 한다.

텔레비전에서 유아 학대 뉴스가 나오면 그 심정이 이해

가 되고 동정하는 마음까지 생겼다고 한다.

아내도 한동안 우울해하며 짜증을 내던 시기가 있었다.

아이를 키우는 어려움보다 더한 것은 없다. 아내는 아이가 말을 듣지 않으면 그 분풀이를 반드시 내게 했다. 그것을 피하고 싶어서 나는 아내를 대하는 태도를 바꿨다.

먼저 집에 돌아오면 나는 말한다.

"나 왔어. 오늘 정말 고생 많았지?"

보통은 아내가 남편에게 이런 말을 해준다.

"당신은 집에서 아이도 돌보고 밥도 하고 세탁도 하고 365일 하루도 쉬지 못하네. 회사라면 휴일이라도 있을 텐데 당신이 하는 일은 그런 것도 없어. 빨래를 하면 손도 거칠어지고 아침을 차린 후 금세 아이 점심 먹을 때가 되고 오후에 청소를 하거나 뭐 좀 하면 또 저녁식사를 준비해야 하니 도무지 쉴 틈이 없겠어. 당신이 이렇게 뒷바라지를 해주니까 내가 바깥에서 열심히 일할 수 있는 거야. 진심으로 고마워하고 있어. 요즘 뭐 힘든 점 없어?"

이렇게 말하자 아내의 태도가 싹 달라졌다. 주위 선배나 동료, 친구가 내게 아내의 고생을 알아주어야 한다는 조언을 했지만 실천하기는 처음이었다. 쑥스러움을 버리고 진심으로 감사한다고 말했더니 평소 잘 울지 않던 아내가 눈물을 흘렸다.

그 동안 아내는 아주 힘들었던 모양이다. 막내딸이 유치원에 들어가고 겨우 한숨 돌리게 되자 그제야 "그땐 정말 힘들었다"며 슬쩍 털어놓았다. 아내는 남편의 이해와 공감을 원한다.

물론 실질적인 도움도 잊지 않아야 한다. 시간을 내서 아이를 목욕시키고 놀아 주고 가끔 아내는 집에서 쉬게 하고 아이만 데리고 나간다. 주부는 혼자 지내는 시간이 없기 때문이다. 마음의 앙금을 털어 낸 아내는 아이에게 아주 다정하게 대했다.

남자는 바깥에서 돈을 벌기 때문에 집안 일은 전부 여자가 알아서 해야 한다는 생각은 잘못이다. 상대를 배려하지 못하고 단순히 도망치는 것에 불과하기 때문이다. 아이는 부부 두 사람이 힘을 합쳐 키워야 한다.

부모와 자식의 관계

아이를 학대하는 어머니는 극단적인 예다. 그 외에도 나는 여러 유형의 부부, 부모와 자식의 관계를 가까이서 지켜

보았다. 내가 부모가 되었을 때 아이에게 느낄 거리감 혹은 아이에 대한 부모의 위치 등 많은 문제로 마음 고생을 하리라 예상했다.

학생시절부터 학원강사를 했기에 다양한 부모와 자식의 관계를 보았다. 솔직히 내가 아이를 잘 키울 수 있을지 걱정이 되기도 했다.

큰딸이 태어나자 비로소 '내가 부모가 되었다'는 실감이 났다. 이제까지 보았던 어머니, 아버지가 품었던 고민을 나도 갖게 되었다. 나는 어떻게 해야 할까?

처음에는 아이를 대하는 사고방식이 경직되어 있었다. '나는 아버지로서 이러이러한 가치관을 이렇게 아이에게 심어주고 싶다'고 생각했다. 그런데 실제로 아이와 접해 보니 그런 것이 아니었다.

부모와 자식 사이는 흔히 상하관계로 생각하기 쉽다. 하지만 아이는 한 사람의 인간으로서 바라보고 대해야 한다. 그러면 아이도 대등한 상대로서 부모의 말을 듣는다. 이런 사실을 나는 잘 알고 있다.

그래서 겸허한 마음으로 아이를 대한다. 부모와 자식 사이에서 야단치는 쪽은 부모다. 그렇다고 부모의 인간성이 뛰어난 것은 결코 아니다. 아이가 앞으로 걸어갈 길을 부모가 미리 걸었기 때문에 꾸짖는 것이다. 물론 그 길은 모두 다르지만 대강의 굴곡과 어떤 함정이 있다는 점은 비슷하다. 부모나 어른은 이런 점을 알고 있다. 함정에 빠진 경험이 있으므로 피하는 방책이나 극복하는 법을 알고 있는 것이다. 단지 그뿐이다. 따라서 너무 깊이 생각하지 말고 적당한 거리감을 유지하면서 소탈한 마음으로 아이를 대해야 한다.

5장
다른 사람의 마음을 이해하면
이해하면
자신도 발전한다

'불만에 민감하게 대응하라' 는 말은
'만족할 수 있는 것을 제공하라' 로
바꿀 수 있다. 항의가 들어오면 최대한
상대의 처지에서 생각해야 한다.

1. 최대한 상대의 처지에서 생각하라

사건과 항의 처리는 내 임무

전에 있던 학원에서 새로운 학원으로 자리를 옮길 때 나는 임원 가운데 한 사람으로서 경영에 참여했다. 동시에 섭외부 부부장이 되어 광고선전부, 영업부, 강사연수부 부장도 겸임했다.

또한 중학생 부문을 통괄하는 중학부 부장까지 담당했다. 책임자 위치에 있으므로 학부모의 불만이나 호소는 최종적으로 내가 처리해야 했다.

항의는 크게 두 종류가 있다. 하나는 성적이다. 성적이 오르지 않으니 어떻게 좀 해 달라, 아이가 의욕을 내도록 도와 달라는 고충이나 소망이다. 다른 하나는 인간관계다. 학생 자신은 물론 학부모와 관련된 일까지 여러 가지 이야기를 듣게 된다.

대개 학원 강의는 밤 10시 무렵에 끝난다. 강의를 마치고 내 자리에 돌아가면 항상 메모지가 몇 장 붙어 있다. '학부모 ○○ 씨가 전화하셨습니다' 라는 내용의 메모가 대부분이다.

만일 내가 담당하는 아이라면 다소 안심이 된다. 하지만 대부분 다른 전화다. 아무래도 항의인가보다, 라고 추측을 하는 순간 마음이 무거워진다. 휴, 하고 한숨으로 쉬고 전화를 걸면 학부모는 타오르는 불길처럼 몹시 화를 낸다. 일상적인 일이기는 하지만 상당히 괴롭다.

시험과 관련된 사건

이번에는 항의라기보다 사건에 관한 이야기다. 시험 답안을 도둑맞았을 때는 정말로 학원을 그만두고 싶었다. 비슷한 사건은 1년에 1번 꼴로 발생했다. 매년 있는 일이라고 해도 너무 자주 사건이 터진다는 느낌이었다. 지금 생각해도 너무 심했다.

학원에서는 '복습 시험' 이라는 이름으로 종종 시험을 치르는데 한번은 담당강사가 학생들 답안이 든 가방을 패밀리레스토랑 주차장에 세워 둔 차 안에 넣어 두었다가 잃어버렸다.

학생들 답안은 오직 하나뿐이기 때문에 잃어버리면 성적을 매겨서 수험용 자료를 만들 수 없다. 게다가 40명의 사생활도 침해당할 수 있다. '누구는 몇 점' 이라는 정보가 새어나간다면 정말 큰일이다. 아무튼 시험을 다시 보기로 결정하고 학부모에게 사과문을 보냈다.

'담당 강사의 부주의로 ○○에서 가방을 분실해서 자녀분이 제출한 답안을 도둑맞았습니다. 세상에 하나밖에 없는 중요한 답안인데 허술하게 관리했습니다. 진심으로 사과드립니다. 그래서 같은 단원을 다시 시험을 치르기로 했습니다…….'

이런 사과문이었다. 나는 지금도 이 문구를 줄줄 외울 수 있다. 유감스럽지만 그만큼 사과문을 쓸 일이 많았던 것이다. 문장 마지막에는 '앞으로 두 번 다시 같은 일이 발생하지 않도록 하겠습니다' 라고 되어 있었다.

이 사과문은 같은 학년의 모든 가정에 보내지는데 늘 그렇듯 "그럼 곤란하죠"라는 학부모들의 항의가 끊이지 않았다. 겨우 일을 수습하고 다시 시험을 치른 후 성적 처리를 끝냈다. 그런데 다른 과목 강사가 뛰어들어왔다.

"죄송합니다. 차 안에 넣어 두었던 답안을 도둑맞았습니다."

"거짓말이지?"

순간 맥이 탁 풀렸다. 앞으로 두 번 다시 같은 일이 발생하지 않도록 하겠다고 맹세한 지 얼마나 되었다고. 나는 순간적으로 화가 나서 온갖 욕설을 퍼부었다.

"이런 멍텅구리, 바보 멍청이……. 그래, 이제 어떻게 할 건가. 자네가 이 문구를 읽어 봐! '앞으로 두 번 다시 같은 일이 일어나지 않도록 하겠습니다' 라고 써 있지?!"

하다못해 다른 학년이었다면 괜찮았을 텐데 같은 학년에서 연속적으로 동일한 사건이 발생한 것이다. '앞으로 두 번 다시' 라는 문구가 보기에도 민망했다. 또 사과문을 보냈더니 아니나 다를까 항의 전화가 빗발쳤다.

이 일뿐만이 아니다. 채점 오류가 생겼을 때도 무척 힘들었다. 시험을 치르면 모범 답안으로 채점하기 때문에 이것이 잘못되면 채점 오류가 생긴다. 일단 답안지를 모두 회수해서 성적을 다시 매겨야 하는데 보통 성가신 작업이 아니다.

수학 강사가 정답이 0.05인데 모범 답안에 0.5로 잘못 기재한 일이 있었다.

그 때문에 한차례 큰 소동이 일어났고 이번에도 '두 번 다시 이런 일이 없도록 하겠습니다' 라는 사과문을 보냈다. 오답이 0.5이고 정답이 0.05라고 설명한 후 마지막에 '앞으로는 여러 번 확인하고…… 이번 일은 부디 용서해 주시기 바랍니다' 라는 내용이었다.

그런데 학생들에게 사과문을 나누어 주자마자 그 강사가 나를 찾아왔다.

"죄송합니다. 정답이 0.05가 아니라 0.005였습니다."

"자네 바본가!"

이때도 화를 많이 냈다. 정정을 한 것이 잘못되었다니……. 어쩔 수 없이 '정말 부끄러운 실수를 저질렀습니다' 라며 두 번째 사과문을 작성했다. 제목은 '정정을 다시 정정함' 이었다. 만화 같은 일이었다. 나 역시 수학 강사로서 문제와 답안을 직접 확인하지 않았던 게으름을 크게 반성했다. 그때도 학원을 그만두고 싶다는 생각이 들었다.

내가 학원을 그만두고 싶었던 것은 이런 사건들 때문이었지만 생각해 보면 그래도 나는 운이 좋았던 것 같다.

구두를 던진 사건

수많은 항의가 있었는데 그 중에 가장 난처했던 것은 강사가 학생에게 구두를 던진 사건이었다. 학생 강사의 성숙하지 못한 행동으로 발생한 사건이었다.

학생 강사는 강의실 뒷자리에 앉은 남학생이 떠들자 자기 구두를 집어던졌다. 그런데 구두는 엉뚱한 방향으로 날아가 그보다 훨씬 앞에 앉아 있는 여학생 눈을 맞히고 말았다. 물론 그 여학생은 아무 잘못도 없었다. 부랴부랴 병원으로 달려갔는데, 병원에서는 정밀검사가 필요하다고 했다.

여학생의 부모는 격렬하게 화를 냈다. "우리 아이한테 도대체 무슨 짓을 한 거야!"라며 소리쳤다. 100퍼센트 강사가 잘못한 일이므로 아무런 변명도 할 수 없었다. 만일 눈에 이상이 생긴다면, 아니 설령 시력이 회복되더라도 얼굴에 상처가 남기라도 한다면 어찌해야 좋을지 참으로 난감했다.

암담한 기분으로 그 강사와 함께 선물용 과자를 들고 학생의 집으로 찾아갔다. 날은 이미 어두워져 있었다. 집에 들어가자마자 무릎을 꿇고 "죄송합니다"라며 사과를 드렸다.

사실 가는 길에 학생 강사에게 알아듣게 이야기했다.

"미리 말해 두는데 오늘은 그쪽에서 절대로 용서하지 않을 걸세. 각오하게. 하지만 나와 함께 진심으로 사과를 해야 하네. 가자마자 무릎을 꿇게. 용서해 주지는 않더라도 선물용 과자를 받아 주면 오늘은 그것으로 만족해야 해. 아무튼 내가 시키는 대로 하고 절대로 아무 말이나 함부로 해서는 안 돼. 내가 말하라고 할 때만 하게."

단단히 주의를 시키지 않으면 불길에 기름을 붓는 상황을 만들지도 모르는 일이었다. 다행히 부모가 우리를 만나 주기는 했다. 하지만 여학생의 어머니는 엄청난 분노로 몸을 떨고 있었다. 싸늘한 목소리로 "뭐 하러 왔어요?"라고 따져 물었고 우리는 무릎을 꿇은 뒤 고개를 푹 숙였다.

정말로 해야 하는 것은 공부를 도와주는 일

그 다음에는 조심스럽게 사과하는 수밖에 없다. 이런 경우에는 한 마디 한 마디가 아주 중요하다.

"모두 저희 책임입니다. 정말로 죄송합니다. 드릴 말씀이 없습니다. 이렇게 무릎을 꿇은 건 눈가림이 아니라 진심으로 사과하려는 마음입니다. 목숨보다 소중한 따님에게 상처를 입힌 죄는 도저히 용서받을 수 없다는 걸 잘 알고 있습니다. 부모님이 용서하지 않으실 걸 알지만 그래도 참회하고 싶어서 왔습니다."

학생 강사는 연신 고개를 조아리고 죄송하다는 말만하며 눈물을 흘렸다.

"이보다 어처구니없는 일은 없으리라 생각합니다. 따님은 아무 잘못도 하지 않았고 아무 상관도 없는 일로 실명 위기에 놓였습니다. 내일 정밀검사 결과를 들으러 저희도 병원에 갔으면 합니다. 허락해 주시겠습니까?"

내가 이렇게 말하자 어머니는 "병원에 따라와서 뭐 하실 건데요?"라며 추궁하듯 물었다. 확실히 맞는 이야기였다. 우리가 가봤자 무슨 도움이 되겠는가? 하지만 나는 그렇게 말할 수밖에 없었다.

"따라가서 만에 하나 안 좋은 결과가 나온다면 저희는 앞으로 따님의 눈이 되고 빛이 되도록 최선을 다해 도와드리겠습니다."

이 정도는 이야기해야 한다.

만일 "그렇게 말해 놓고 정말로 눈이 잘못되기라도 하면 어떻게 하시려고 그래요?"라는 말을 들을까 봐 두려워한다면 항의는 절대로 수습할 수 없다. 다행히 여학생의 어머니는 마음이 누그러져서 "선생님께서 그렇게까지 말씀하시는데 할 수 없죠. 내일 병원에 오세요"라고 말했다.

다음 날 천우신조로 학생의 눈은 아무 이상도 없다는 결과가 나왔다. 그때서야 학생의 부모는 우리가 가져간 선물용 과자를 받아 주었다.

"이런 과자 따위로 사건을 무마하려는 생각은 눈꼽만큼도 없습니다. 저희는 사과하는 마음으로 따님이 합격할 때까지 최선을 다해 돕겠습니다. 약속의 증거로 하찮은 것이지만 받아 주십시오."

내가 간절하게 이야기했더니 학생의 아버지가 "이걸 받지 않으면 선생님이 곤란하시겠죠"라고 말하며 선물을 받아 주었다. 안도의 한숨이 나왔다.

나는 강사의 엄청난 실수를 용서받기 위해서는 그 여학생을 뒷바라지하는 일이 중요하다고 생각했다. 해결책은 상처와 충격을 받은 여학생이 아무런 어려움 없이 입시를 잘 치르도록 도와서 부모님을 안심시켜 드리는 수밖에 없었다.

그 즉시 내가 항상 준비하고 다녔던 특별 공부 프로그램을 보여 드렸다. 항의 처리의 기본은 마무리를 완벽하게 준비하는 것이다. 마지막 단계에서 "아, 그 부분은 다시 검토하겠습니다"라고 이야기하면 모든 것이 물거품이 되어 버린다.

물론 물질적인 보상도 해야 한다.

"사죄의 뜻으로 앞으로는 학원비를 받지 않겠다고 하면 그런 이유로 항의한 것이 아니라며 섭섭해하시겠죠. 그러니까 일단 학원비는 받겠습니다. 하지만 저희 쪽도 사과하고 싶은 마음이 있으므로 나중에 학원비를 환불해 드리겠습니다."

까다로운 상대일 때는 보상 문제도 아주 중요하다. 자존심에 상처를 주지 않고 성의 표시를 하는 편이 좋다. 여학생의 부모가 "그렇게 말씀하시니……"라며 양해해 준 덕분에 이야기는 매듭이 잘 지어졌다.

항의 처리는 아주 힘들다. 하지만 문제의 근원을 파악하면 상대도 이해해 준다는 사실을 그때 새삼 확인했다.

2. 항의에 불평하는 사람은 그만두어라!

항의 처리는 '제로섬 게임'

　나는 정말로 좋아서 또 일이 재미있어서 강사를 했지만 '더는 못하겠다'고 생각할 때도 여러 번 있었다.

　"부정행위는 하지 마라!"

　시험 때 이 한 마디로 큰 소동이 일어났던 적도 있었다. 무엇이 문제였는지 아는가? 부정행위라고 단정지었던 것이 문제였다. 부정행위는 학생에게 치명적인 낙인이다. 사람에게 이런 낙인을 찍으려면 명백한 증거가 있어야 한다.

　쪽지 같은 물적 증거가 있다면 다르지만 그때는 옆 사람의 답안을 훔쳐봤던 것을 부정행위라고 말해서 문제가 되었다. 이 경우 봤다, 안 봤다는 증거는 당연히 없다.

곧바로 "아이를 잡았다고? 사람을 도둑 취급하나!"라는 항의가 들어왔다.

그때는 부정행위라고 하지 말고 "거기, 조심해"라고 하는 편이 좋다. 그래도 부정행위를 하려고 한다면 가만히 옆에 서 있으면 되었다. 이 정도로 충분한데 학생들 앞에서 부정행위라고 단정을 지었던 것이다. 전화를 걸어 온 학생의 부모는 몹시 호통을 쳤다.

사실 좀 더 발전적인 일로 고생을 하고 싶었다. 항의 처리는 제로섬 게임(zero-sum game. 득실의 합계가 항상 제로가 되는 것과 같은 게임)과 같다. 원래로 돌아갈 뿐 아무 이득도 없다. 정말로 견디기 힘들었다.

항의가 집중되는 시기는 입시 때다. 예를 들어 10명이 같은 학교를 지원해서 모두 합격하면 아무 문제도 생기지 않는다. 하지만 9명이 붙고 1명만 떨어지면 난처해진다.

학부모가 "왜 우리 아이만 떨어졌는가?"라며 항의하기 때문이다.

반대로 명암이 갈렸을 때 오히려 죄송한 마음이 드는 경우도 있다.

"9명이 붙었다는 것은 상당히 훌륭히 지도하셨다는 증거 예요. 저희 아이만 실력이 부족해서 떨어졌습니다. 죄송합 니다"

이렇게 이야기하는 학부모도 적지 않다.

가장 힘든 상황은 3명만 합격하고 7명이 떨어질 때다.

"도대체 어떻게 지도한 거냐?"라는 질책이 이어진다.

이런 경우 떨어진 학생의 집에 일일이 전화를 걸어 이해 시켜야 한다. 다른 학교의 시험이 남아 있는 아이는 그나마 괜찮다.

"다음 시험은 꼭 합격시키겠습니다. 1주일밖에 안 남았지 만 특별 지도를 하겠습니다. 교육과정도 이미 만들어놨습니다."

이렇게 말하면 "잘 부탁드립니다. 선생님"이라는 답변을 듣는다.

그런데 시험을 볼 학교가 남아 있지 않는 경우에는 괴롭 다. 중학생 담당 강사의 책임자는 나다. 다른 강사는 무서 워서 전화를 걸지도 못한다.

전화를 하면 3, 4명 가운데 1명은 맹렬히 비난한다. '월급 도둑!', "높은 학원비를 지불하고 이 정도 결과밖에 안 나오

다니 환멸을 느낍니다"라는 말을 듣기도 한다. 이럴 땐 솔직히 학원 강사를 그만두고 싶어진다.

항의는 기대와 비례한다

학부모가 화를 많이 내는 이유는 그만큼 기대가 컸기 때문이다. 그래서 나는 사과 전화를 걸기 전에 내 자신에게 타이른다.

학부모들의 분노는 아이와 합격에 대한 믿음이 깊어서 생기는 것이다. 또한 우리 학원에 거는 기대가 크기 때문이다. 수험생과 학부모는 소중한 고객이므로 크게 분노할수록 고맙다고 생각해야 한다. 따라서 전화를 할 때는 커다란 기대에 부응하지 못했다, 앞으로 학생이 어떤 식으로 인생을 살아가야 좋을지 이야기하고 싶다, 우리 학원에 보내주셔서 고마웠다, 라는 감사에서 출발해야 한다. 나는 매번 이렇게 스스로 타이른 후 전화기를 집어든다.

하지만 이런 감각은 좀처럼 갖기 힘들다. 학원뿐만 아니라 평범한 회사 등 많은 곳에서는 고객이 항의를 하면 '귀찮다'고 생각하는 경우가 많은데 이것은 큰 잘못이다. '돈을 받고 있는 처지'에서 생각해야 한다.

학원이나 병원 등에서는 고객이 오히려 머리를 숙이고 "잘 부탁드립니다"라고 말한다. 이것을 착각하고 '귀찮은 고객'이라고 생각한다. 만일 강사가 '성가신 학부모'라고 하면 연수부장으로서 나는 이 말을 절대로 흘려 듣지 않는다.

"성가신 학부모라고? 무슨 말이야? 이리 와 봐. 자네의 썩어빠진 사고방식을 고쳐 주지. 아냐, 학원을 그만둬! 칠판과 분필은 빌려줄 테니 바깥에서 혼자 강의를 해 봐. 앞에 통 하나를 놔 두고 자네 강의가 가치가 있다고 생각하면 돈을 넣어달라고 말해 봐! 아무도 안 넣을 걸. 바보 같은 녀석."

이것이 내 진심이다. 나는 크게 착각하고 있는 강사를 그대로 보고 있지 않는다. 학생이나 학부모를 소중히 여기고 감사하게 생각하는 것은 가르치는 사람의 위엄과 아무 관계가 없다. 완전히 다른 문제다.

이렇게 안 되는 점을 하나하나 밝혀 나가다 보면 결국 학생들에게 공부를 가르치는 것이 아니라 인생을 가르치는 것이라는 생각이 든다.

학생과 학부모는 '신이며 고객이다'

미국에서는 '고객 만족도 조사'를 자주 실시한다. 물건을 사거나 서비스를 받았을 때 고객이 어느 정도 만족하는지 수치로 나타내는데 기업에서는 이것을 굉장히 중요하게 여긴다. 고객이 만족하면 바로 매출 증가로 이어지기 때문이다.

일본에서도 '고객 만족도 조사'를 실시하고 있는데 고객 평가가 1위인 곳은 도쿄 디즈니랜드다.

압도적인 지지를 받고 있는데 연령별로 보면 청년층과 중년층에서 1위를 차지하고 있다. 간사이 지방에서는 노년층에서 백엔샵, 다이소 같은 생활과 관련된 기업을 1위로 선정했는데 2위는 역시 도쿄 디즈니랜드였다.

지역별로 보면 수도권과 간사이 지방은 모두 도쿄 디즈니랜드가 고객 평가 1위다. 이곳은 일본 전역에서 나이와 상관없이 고르게 사랑받고 있다. 도대체 도쿄 디즈니랜드는 어떤 마법을 사용하고 있는 것일까?

물론 마법은 없다. 사실 디즈니랜드의 경영에는 '과연 그렇구나'라고 생각될 정도의 정책이 존재한다. 디즈니랜드의 회장 아이즈너 씨는 "항상 고객의 불만에 민감하게 대응하라"고 말했다.

'디즈니랜드에서는 게스트(디즈니랜드에서는 고객을 이렇게 부른다)에 대해 책임을 갖고 있지 않는 사람은 한 명도 없다. 디즈니랜드 안은 항상 아름답게 해야 한다. 모든 게스트에게 디즈니랜드의 사람과 물건이 이야기를 건네며 다가온다……. 이것은 모두 디즈니랜드 문화이고 전통이다. 직함이나 위치는 아무런 상관도 없다. 회장도 사장도 모두 디즈니랜드 사람인 이상 지극히 당연한 일이다'

참고문헌 ≪디즈니랜드의 7가지 법칙≫, 톰 코넬란(Tom Connellan) 저, 니히라 가즈오 역, 닛케이BP사

'불만에 민감하게 대응하라'는 말은 '만족할 수 있는 것을 제공하라'로 바꿀 수 있다. 디즈니랜드의 모든 사원이 모여 게스트의 기대를 찾아 내고 거기에 부응하기 위해 노력한다. 이것이 깊이 있고 폭넓은 고객 만족을 얻기 위한 기본이다.

이런 사고방식과 관점은 모든 조직의 구성원이 갖고 있어야 한다. 내가 몸담고 있는 교육계도 마찬가지다. 그렇지 않으면 게스트, 즉 학생과 학부모는 만족을 하지 못한다. 간단히 말해 학교에 입학하는 학생이 없게 되는 것이다.

디즈니랜드의 회장 아이즈너 씨의 말을 학교에 적용해 보면 쉽게 이해할 수 있다.

'학교에서는 학생과 학부모에 대해 책임을 갖고 있지 않는 사람은 한 명도 없다. 학교 안은 항상 아름답게 해야 한다. 모든 학생과 학부모에게 교내의 사람과 물건이 이야기를 건네며 다가온다……. 이것은 모두 학교의 문화이고 전통이다. 직함이나 위치는 아무런 상관도 없다. 교사도 직원도 모두 학교 사람인 이상 지극히 당연한 일이다.'

디즈니랜드의 정신은 모든 조직과 사람의 본보기가 된다고 생각한다.

3. 자신의 일을 갖고 있다는 심오한 의미를 되새겨라

아이를 슬프게 만든 크리스마스 선물

　항의와 관련된 이야기가 있다. 3년 전 크리스마스 날 우리 집에서 일어났던 일이다. 우리 부부는 아이들에게 줄 산타 클로스의 크리스마스 선물을 준비했다.

　아들에게는 만화 영화에 나오는 로봇, 딸에게는 어린이 용 컴퓨터라는 인기 있는 장난감을 준비했다. 크리스마스 이브에 아이들 머리맡에 선물을 놓아두었다. 나와 아내는 아이들이 얼마나 기뻐할까 상상하며 즐거워했다.

　결과는 대성공이었다. 눈을 뜨자마자 선물을 발견한 아

이들은 기뻐하며 우리에게 달려왔다.

거기까지는 참 좋았다. 그런데 로봇은 괜찮았지만 어린이용 컴퓨터가 작동되지 않았다. 여러 번 전원을 껐다 켜도 기계는 전혀 움직이지 않았다. 즉시 완구점 A에 전화를 했고, 전화를 받은 책임자는 이렇게 말했다.

"아, 어린이용 컴퓨터 말씀이십니까? 그 제품은 저희 판매점 책임이 아닙니다. 죄송하지만 제조업체에 직접 연락해 주십시오."

어린이용 컴퓨터를 제조한 업체는 B사다. 판매점 책임이 아니라며 발뺌을 해서 불만이었지만 알려 준 곳으로 전화를 걸었다.

그런데 수없이 전화해도 통화 중이었다. 약 15분 간격으로 저녁이 다 되도록 계속 전화를 했지만 아무 소용도 없었다.

겪어 본 사람은 알겠지만 제조업체의 항의 접수 창구는 전화연결이 어렵다. 게다가 그 날이 12월 25일 크리스마스라는 점이 문제였다. 딸은 엉엉 울기 시작했고 아내가 "가만히 있어!"라고 야단을 치는 등 난리가 났다.

장난감에 담긴 진정한 소망

어쩔 수 없이 다시 완구점 A에 전화를 했다. 오늘 중으로 어떻게든 해결하고 싶어서 지푸라기라도 잡는 심정으로 걸었다. 그러자 같은 책임자가 전화를 받았다. 그때 내게 어떤 생각이 떠올랐다.

"바쁘실 텐데 수리다 뭐다 이야기해서 미안합니다. 저는 기노시타 하루히로라고 합니다."

"불편을 끼쳐드려서 죄송합니다."

여기까지는 서로 예의상 하는 인사다. 하지만 상대의 사과 속에는 내가 다시 전화를 해서 어떤 요구를 할지 준비하는 느낌이 들었다. 그래서 말했다.

"이제 수리 같은 건 아무래도 괜찮습니다."

"네?!"

뜻밖의 말에 상대는 맥이 빠진 듯했다.

"다시 전화한 이유는 그쪽에 한 가지 알려 드릴 게 있어서입니다. 제가 그 곳에서 산 제품이 뭔지 아십니까?"

"네?!"

아마도 상대는 점점 알 수 없는 소리를 한다고 생각할 것이다. 이때 내가 본심을 이야기했다.

"현실에는 존재하지 않는 산타클로스의 나라는 아이들의 마음 속에는 있습니다. 아이들도 산타클로스가 있다고 믿지만 한편으로는 정말로 존재할까, 선물을 가져다 줄까 불안해 하며 크리스마스 이브 밤을 새워가며 기다립니다. 하지만 졸음을 이겨내지 못합니다. 아이들은 깜박 잠이 들고 산타클로스와 만나지는 못했지만 다음 날 아침 머리맡에 있는 선물을 발견하고 뛸 듯이 기뻐합니다. 선물을 받아서가 아닙니다. 산타클로스는 정말로 있다, 산타클로스의 나라는 정말 존재한다는 확신이 들었기 때문입니다. 믿음이 있으면 마음은 꿈의 세계에서 뛰어 놀 수 있습니다. 그 꿈과 감동을 저는 샀습니다. 장난감이라는 물건을 구입한 게 아닙니다. 부디 그 점을 알아 주시기 바랍니다. 이 말을 전하고 싶었습니다."

나는 꿈과 감동이 얼마나 소중한지 알고 있다. 그래서 마음을 담아 이야기했다. 잠시 침묵이 이어진 후 상대가 말했다.

"손님, 제게 조금만 시간을 주십시오."

정말로 원하는 것을 전해주다

"네?!"

이번에는 내가 당황했다.

"구입하신 제품은 인기가 높은 것이라 바꿔 드리고 싶어도 재고가 없습니다. 하지만 다른 지점을 여기저기 찾아 보면 하나쯤은 남아 있을 겁니다. 오늘 중으로 집으로 배달해 드리겠습니다."

성의 없었던 처음 답변과 완전히 딴판이었다. 기적 같은 일이었다. 생각지도 못한 이야기에 나는 놀라서 너무 무리하지 말라고 말했다. 이미 나는 그쪽의 호의에 충분히 감동했다.

그로부터 4시간이 지난, 밤 9시 무렵이었다. 같은 제품을 찾았을까 못 찾았을까 불안한 마음으로 기다리고 있는데 현관 벨소리가 울렸다. 서둘러 문을 열었더니 컴퓨터 박스를 품에 안고 있는 책임자가 서 있었다.

놀라운 것은 그의 차림새였다. 나는 막연히 양복 차림을 상상하고 있었는데 그는 위에서 아래까지 새빨간 옷을 입고 있었다.

"앗, 산타클로스?!"

산타클로스였던 것이다. 엉겁결에 바보 같은 소리를 하는 내게 그가 말했다.

"네. 산타클로스가 왔습니다. 아이들을 불러주세요."

"와! 산타클로스다."

일찍 잠옷으로 갈아 입고 잘 준비를 하고 있었던 아이들은 크게 기뻐하며 산타클로스 주위를 뛰어다녔다. 산타클로스는 한쪽 무릎을 꿇고 딸아이에게 선물을 주며 사과했다.

"미안하다. 산타클로스 할아버지가 바빠서 고장난 선물을 보냈어. 이건 잘 작동한단다. 기회가 되면 내년에도 찾아 올게."

아이들이 방으로 돌아간 후 나는 말했다.

"아이들이 계속 꿈을 꿀 수 있게 해주셨어요. 이런 모습으로 오시려면 상당히 창피하셨겠어요."

그러자 그는 고개를 크게 옆으로 흔들었다.

"아뇨. 창피하지 않았습니다. 아까 기노시타 하루히로 씨가 구입한 건 장난감이 아니라 꿈과 감동이었다고 하셨죠. 사실 그건 저희 회사 사훈입니다. 이제서야 그 말을 실감했어요."

이렇게 말하며 내 앞에서 눈물을 흘렸다. 나도 따라 울며 말했다.

"당신은 소중한 것을 얻으셨군요. 앞으로 무슨 일이 있어도 장난감은 그 곳에서 구입하겠습니다. 훌륭한 직원이 다니는 회사니까요."

이것으로 내 불만과 분노는 완전히 사라졌다. 게다가 완구점 A에 대해 강한 신뢰감이 생겨 끈끈한 유대관계를 맺게 되었다. 감동이 생각지도 못한 기적을 불러 오고 다시 새로운 감동을 만들어 냈다.

근원을 파악해서 해결하라

그런데 책임자는 왜 산타클로스 복장으로 우리집을 찾아왔을까? 거기에는 내가 항상 말하는 '근원을 파악하라'는 진리가 숨어 있다고 생각한다.

앞서 소개했듯이 나는 학원에서 여러 가지 부문의 책임자를 맡고 있고 항의 처리까지 담당하고 있어서 여러 가지 상황에 직면한다. 위협적인 항의를 받을 때도 종종 있다.

"이 자식! 오사카만에 던져버리겠어!"

도쿄라면 도쿄만이겠지만 여기는 오사카라서 이런 말을 한다. 이렇게 험악한 소리는 수도 없이 들었다. 어린이용 컴퓨터가 작동하지 않았을 때 나도 상대에게 위협적으로 공격해서 막다른 골목에 몰아 넣을 수도 있었다.

"제조업체에 말해 보라고? 그럼 판매한 당신들은 어떻게 책임을 질 건데? 말해 봐! 당장 오지 못해"

이렇게 하면 대개 항의를 받은 담당자는 선물용 과자를 들고 넥타이를 맨 양복차림으로 달려온다. 그리고 "제대로 작동하는 어린이용 컴퓨터를 오늘 중으로 어떻게든 가져 와!"라며 무섭게 이야기하면 이리저리 뛰어다녀서 어떻게 든 구해 왔을지도 모른다. 항의를 한 사람은 양복차림, 선물용 과자, 새 어린이용 컴퓨터에 만족하고 사건을 매듭지 을 것이다.

하지만 우리집에서는 양복차림, 선물용 과자로 '성의'를 표시해도 아무런 의미도 없다. 어린이용 컴퓨터를 새것으로 바꿔 주면 단지 그 노력은 인정하지만 정말로 만족스럽 게 생각하지는 않는다.

'이번에는 어쩔 수 없지만 다음부터는 그 곳에서 절대로 장난감을 구입하지 않겠다'는 결심을 하게 된다. 완구점은 고객을 한 사람 잃게 되는 것이다.

그런데 그는 산타클로스 차림을 하고 나타났다. 사실 이 부분이 항의 처리에서 가장 중요하다.

결론부터 말하면 나는 단순히 제품을 수리해주기 바라거나 어린이용 컴퓨터를 새것으로 바꿔주기를 바란 것이 아니다. 그것은 불만의 표면에 불과하며 항의의 본질은 산타클로스의 선물을 기대하고 있었던 아이들이 계속 꿈을 간직하기 바라는 마음이었다. 내 마음 속의 요구는 단 한 가지 깨진 꿈의 조각을 모아, 이어 붙이는 것이었다.

그는 바로 그 사실을 깨달았다. 그래서 산타클로스 차림을 하고 아이들 앞에 등장해서 어떻게든 중단된 꿈을 다시 꿀 수 있도록 도와 주었다. 그는 문제의 근본을 파악하고 제거했다. 실제로 그가 나타난 순간 내 불만은 완전히 사라졌고 그와 그 회사를 좋아하게 되었다.

불평, 불만을 접했을 때 사람은 흔히 표면의 현상만 생각하기 쉽다. "불량품이다"라는 말을 들으면 단순히 '교환해 주면 되지 않은가' 라고 생각한다. 고장났다고 하기 어려운 상황일 때는 "수리해 달라"고 요구하면 "그럴 필요 없다" 라고 반론한다. 하지만 이런 대응은 문제의 근본을 제거할 수 없다.

어린아이를 봐도 알 수 있다. 부모 앞에서 장난을 치고 아무리 그만두라고 해도 말을 듣지 않을 때 사실은 부모와

'함께 놀고 싶다'는 보이지 않는 욕구가 숨어 있는 것이다. 따라서 야단치기 전에 잠시 껴안아 주고 진심으로 보살펴 주면 만족하고 그 다음에는 거짓말처럼 말을 잘 듣는다. 부모가 근본을 파악하지 못하기 때문에 계속 아이는 칭얼칭얼 울고불고 하는 것이다.

항의도 같은 식으로 말할 수 있다. 왜 상대가 화를 내고 있는지, 그 근본을 파악하면 된다. 그렇게 하면 물건 같은 건 문제가 되지 않는다. 그는 무슨 일이든 마음이 중요하다는 사실을 확실히 깨닫고 있었다.

6장
뜨거운 가슴으로
감동의 눈물을
마음껏 흘리자

사소한 것을 배움으로써 일이 알차고
즐거워질 수 있다. 사람은 먼저 배우는 자세, 순수하게
감동하는 마음을 항상 갖고 있어야 한다.

1. 순수하게 배우는 마음을 영원히 잊지 마라!

슬라이드가 뒤죽박죽이 된 사건

내가 능력 훈련 회사(Ability Training Co.)를 설립한 후의 일이다. 지금은 다행히 평판이 좋지만 처음부터 일이 순조롭지는 않았다.

오사카에 있는 대학 부속 사립중학교와 사립고등학교 교사들에게 강습을 하게 되었을 때 배우려는 마음을 갖는 것이 얼마나 어려운지 새삼 깨닫게 되었다.

나는 컴퓨터로 작동하는 슬라이드 영상을 자주 이용한다. 강습회장에는 영사용 스크린이 준비되어 있었다. 컴퓨터를 영사기에 접속해서 테스트를 했다. 준비한 슬라이드가 스크린에 잘 비치는지 확인한 후 준비를 완벽하게 끝냈다. 강습 시각이 되려면 아직 몇십 분 여유가 있었다. 나는 교장 선생님의 권유로 교장실에서 잠시 휴식을 취했다.

강습회장으로 돌아간 시각은 강습 시작 5분 전이었다. 교사들이 삼삼오오 모여 잡담을 하며 나를 기다리고 있었다. 강습을 시작하려고 평상시처럼 슬라이드를 돌리려는 순간 나는 슬라이드의 순서가 달라져 있음을 알아차렸다.

컴퓨터로 작동하는 슬라이드이므로 영상과 시사하는 순서를 기계에 저장시켰다. 그런데 순서가 완전히 엉망이 되어 원래 슬라이드가 나오지 않았던 것이다. 옛날처럼 슬라이드 필름을 사용하는 것이 아니므로 슬라이드 필름을 바닥에 떨어뜨려 순서가 뒤죽박죽이 된 그런 사건이 아니다. 누군가 컴퓨터를 고의로 조작한 것이 분명했다.

어쨌든 '다음은 그 영상' 이라고 생각했지만 완전히 다른 영상이 나와서 당황했다. 하지만 머리 속에 바로 떠오르는 생각이 있어서 컴퓨터를 확인해 보았다. 그러자 '데이터가 변경되었습니다' 라는 주의 정보가 화면에 나타났다. 역시 누군가가 일부러 손댄 것이 틀림없었다. 이런 경우 일단 슬라이드 소프트웨어를 종료하고 컴퓨터를 다시 가동하면 올바르게 돌아온다. 그래서 나는 아무렇지도 않은 얼굴로 무사히 강습을 마칠 수 있었다.

방해를 당한 세미나

그때 내가 크게 당황하지 않았던 이유는 3개월 전에 한 차례 그 비슷한 소동을 겪은 적이 있기 때문이었다. 장소는 나라현(奈良縣)에 있는 사립 고등학교로 그때도 교사를 대상으로 세미나를 열었다. 나는 세미나에서 항상 정중한 말투로 이야기를 시작한다. 그날도 다를 바 없었다.

"오늘, 저를 불러주셔서 고맙습니다. 진심으로 감사합니다. 바쁜 시간을 내서 참가하셨으므로 한두 가지 도움이 되는 이야기가 있다면 정말 기쁘겠습니다. 열심히 하겠습니다. 잘 부탁드립니다."

그러자 뒷자리에서 "아~ 재미없다"라는 야유가 터져 나왔다. "선생님, 죄송하지만 제 이야기가 재미없습니까?"라고 하자 "네"라고 대답은 했지만 나와 눈을 마주치지는 않았다. 그래서 나는 말했다.

"재미없으신 분은 나가셔도 됩니다."

그러자 "음, 그러면 가겠습니다"라며 그 교사가 나갔다. 계속해서 다른 교사도 나도, 나도, 하며 일어나 줄줄이 나가버렸다. 교장 선생님이 "여러분 잠깐만. 일단 이야기를 들어 본 다음에 나가셔도 되지 않습니까?"라고 만류해도 듣지 않았다.

"바보 같이 왜 왔어"라는 말까지 들려왔다.

물론 그런 교사만 있었던 것은 아니다. 남아서 열심히 들어 준 교사도 있었다. 하지만 결국 세미나는 어이없이 끝나고 말았다. 능력 훈련 회사를 설립한 지 6개월 정도 되었을 때의 일로 처음으로 겪은 어려운 상황이라 어떻게 해야 할지 몰랐다.

교사들은 처음부터 세미나에 참석할 의지가 전혀 없었던 것이다. 강사가 나였든 누구였든 마찬가지였을 것이다. '왜 우리가 가르치는 일을 새삼스럽게 배워야 할까?' 라는 마음이었을 것이다.

그래서 슬라이드 사건이 일어났을 때 "아, 또야"라며 이상할 정도로 침착하게 대처할 수 있었다. 그 교사는 "이제 와서 내가 왜 배워야 해?"라는 반발심이 작용해서 세미나를 방해했는지도 모른다. 아니면 다른 알 수 없는 사정이 있었는지도 모른다.

두 가지 사건을 통해 인간에게 순수함, 즉 순수하게 남에게 배우려는 마음을 유지하는 것이 얼마나 어려운지 통감했다.

순수한 마음으로 배우면 사람은 반드시 크게 발전한다

솔직히 내 억측으로 문제의 진상은 지금도 알 수 없다.

하지만 사람은 누구든 남에게 고개를 숙일 필요가 없는 환경에 놓이면 뭔가 착각을 하고 세상의 상식과 감각과 어긋난 행동을 할 위험성이 있다. 그 결과 고마워하는 마음을 잊고 말과 행동을 함부로 하는 사람이 확실히 있다.

그런데 요즘 특히 "교사에게 이야기하는 것도 좋지만 기노시타 하루히로 씨가 직접 아이들에게 공부에 대한 의욕, 배우는 마음을 흔들어 깨워주십시오"라는 의뢰가 많아졌다.

내가 능력 훈련 회사를 설립한 취지는 모든 사람이 이상적으로 생각하는 교육 이념과 방법을 교사와 함께 확인하고 공유하며 서로 성장하는 것이 내게도 교사에게도 아이들에게도 커다란 도움이 되리라 생각했기 때문이다. 직접 아이들을 깨우치는 역할은 교사에게 맡기고 싶었다.

물론 나에 관한 기사를 보거나 평판을 듣고 그런 의뢰를 하는 사람이 많아서 기쁘기는 했다. 하지만 그보다는 평소 학생들과 접하는 교사에게 열정적인 메시지를 보내고 싶었다.

실제로 나는 전에는 몰랐던 작은 기술을 선배에게 배운 후 완전히 변신해서 학원에서 학생들에게 절대적인 지지를 받을 수 있었다. 만일 지금 마음먹은 대로 잘 되지 않는 교사가 있다면 그런 기술을 흉내내기만 해도 틀림없이 학생들에게 많은 지지를 얻을 수 있을 것이다.

나는 학원 강사라는 일에 포로가 되어 은행을 그만두고 교육 현장에 다시 뛰어들었다. 그 정도로 나는 배우고 교육시키는 것에는 그 무엇과도 바꿀 수 없는 가치가 있다고 생각한다.

멋진 교사, 학생을 격려하고 능력을 이끌어내는 열정적인 교사는 많으므로 그들의 수업을 보고 공부하면 된다. 굳이 나까지 나설 필요는 없다.

조금이라도 자신의 수업을 알차게 만들고 싶은 교사는 그런 수업을 보면 반드시 크게 발전한다. 스스로 좋게 변화하면 가르치는 아이도 멋지게 변화하고 결국 자기 자신도 충실해진다.

그러므로 학교에서 어떤 사정이 있었는지 모르지만 '왜 내가 새삼스럽게 가르치는 법을 배워야 하는가?' 라며 눈과 귀를 막는 것은 교사 자신에게도 학생들에게도 큰 손해다. 쓸데없는 벽은 제거하고 '손에 손을 잡고 서로 노력하자' 고 말하고 싶다.

사소한 것을 배움으로써 일이 알차고 즐거워질 수 있다. 그러면 학교 붕괴, 학내, 사내의 성희롱 등 비뚤어진 사건은 막을 수 있다. 사람은 먼저 배우는 자세, 순수하게 감동하는 마음을 항상 갖고 있어야 한다.

2. 자신의 '상태'를 직시하라

결점이 아니라 장점을 보는 눈이 '상태'의 기본

　윗사람은 남의 장점을 인정하는 노력이 필요하다. 사람
에게는 각각 개성이 있다. 전에 다니던 학원에서는 강사가
학생의 장점과 단점을 파악하는 훈련을 한다. 먼저 상대를
아는 것이 교육에서는 중요하기 때문이다. 교육이 아니더
라도 마찬가지다.

　쉬워 보이지만 의외로 어렵다. 오른쪽 주머니에 동전을 몇
개 집어넣고 아이들의 장점을 발견할 때마다 동전을 왼쪽
주머니에 옮겨 넣는 실험을 하면 동전이 좀처럼 이동하지

않음을 알 수 있다. 그만큼 좋은 부분을 발견하기란 힘들다.

특히 신입 강사나 공부가 부족한 강사는 학생의 장점은 커녕 단점만 이야기한다. 사람은 남의 결점을 잘 본다.

학원 연수에서는 이런 훈련도 한다. 같은 원 A, B를 두 개 그린다. B는 원의 일부가 시력검사 마크처럼 끊어져 있다. 두 개의 원을 신입 강사에게 보여주고 "어느 쪽이 더 신경이 쓰이죠?"라고 질문을 한다. 그러면 대개 B를 고른다. 뭔가 불완전하고 결점이 있는 쪽에 사람의 눈이 간다는 사실을 알 수 있다.

그때 말한다.

"잘 알고 있겠지만 여러분은 학생을 볼 때 B를 보고 있습니다. 하지만 사람은 A와 B, 반드시 두 가지 면을 모두 갖고 있습니다. 게다가 A와 B는 별개의 두 개가 아니라 사실은 한 개로 어느 쪽에서 보느냐에 따라 다릅니다. 예를 들어 이 녀석은 둔하다, 라고 생각하는 아이가 있다고 합시다. 관점을 달리 하면 신중하게 일을 처리하는 성격으로 보입니다. 침착하지 못한 아이는 두뇌 회전이 빠르고 민첩한 아이라고 생각할 수 있습니다. 이왕이면 B보다는 A를 보는 편이 좋지요. A를 보면 아이들을 대하는 태도가 변화하고 아이도 여러분을 대하는 태도가 달라집니다."

그렇지만 실제로 동전 옮기기 실험을 해 보면 좀처럼 동전은 이동하지 않는다. 좋은 점을 발견하는 것은 이렇게 어려운 것이다. 심리학 실험에서도 '사람은 자신에게 호의를 보이는 상대에게 호의를 갚는다' 라는 것이 정설로 되어 있다. 반대로 악의가 있으면 악의로 갚는다.

그러므로 교사는 학생의 성적을 올리고 싶으면 먼저 자신이 담당하는 과목을 좋아하게 만들 필요가 있다. 과목을 좋아하게 하려면 교사, 즉 자신을 좋아하게 만들어야 한다. 그 근본은 자신이 학생의 좋은 점을 발견하고 먼저 학생을 좋아하는 것이다.

이렇게 하면 아이는 정말로 열심히 공부한다. 나는 예전에 기타야마 선생님의 화학 강의를 들으며 이런 현상을 직접 경험했다. 강의 시간이 정말로 재미있고 기다려지자 화학 성적은 급상승했다. 부족한 원이었던 나는 변화했다. 사람의 힘, 교사의 힘, 부모의 힘은 정말 대단하다.

무엇에 구애받지 말고 사람은 먼저 남의 장점을 보는 노력부터 시작해야 한다.

'상태'와 '방식'의 차이를 인식하라

실제로 나는 오랫동안 여러 가지 사례를 보았다. 어느 학교에 새로운 선생님 한 분이 전근을 오자 그 학교의 수준이 크게 향상되었다. 많은 사람이 신기하게 여기며 "그 선생님이 도대체 무엇을 어떻게 했습니까?"라고 물었다.

하지만 이런 질문은 정작 중요한 부분을 보지 못하게 때문에 나온다. 그는 '무엇을 했던 것'이 아니다. 그는 '그렇게 있었다.' 나는 이 점을 '방식'과 '상태'라는 말로 설명한다.

사람에게 의욕을 최대한 이끌어내는 방법으로 수업을 재미있게 진행하는 것은 '방식'이다. '흥미 패러다임 시프트'를 일으키는 각본을 쓰는 것도 '방식'이다.

'흥미 패러다임 시프트'를 위해 교실에 들어갈 때 웃는 얼굴, 표정, 칭찬하는 법 등 여러 가지를 연구하고 100명이라면 100가지, 사람에 따라 다양하게 생각해내는 것은 모두 '방식'에 속한다.

결국 이런 '방식'은 '상태'를 바탕으로 한다. 즉, 강사, 부모, 상사와 상관없이 완전한 원을 보는 애정의 관점에 서 있는가, 혹은 부족한 원을 보는 냉철한 관점에 서 있는가,

라는 '상태'에 따라 '방식'의 결과는 완전히 달라진다. 한쪽은 애정이 있는 '방식'이고 한쪽은 냉철함만 있는 '방식'이다.

그러므로 '어차피 이 학생은 내 아이가 아니다. 어떻게 되든(물론 잘 되는 편이 좋지만) 이 학생의 인생이다'라는 냉철한 '상태'에서는 아무리 멋진 '방식'을 실시해도 결국 그 '방식'은 멋지지 않은 결과를 낳는다.

내 주장에 '무슨 증거라도 있나?'라며 의문을 품는 사람도 있다. 대답은 확실하다. 한번 떠올려 보라. 특별히 무엇을 하고 있다고 보이지 않는데도 수업이 재미있어서 학생들을 집중시키는 교사가 있다. 굉장히 무섭지만 사랑받는 교사도 있다.

여러 가지 연구는 하지만 수업이 재미없는 교사도 있다. 여기에 A와 B, 애정과 냉철함이 느껴지지 않는가?

3. 자신이 누리고 있는 것에 감사하라

1월 최초의 강의는 최고의 무대

입시학원 강사는 기본적으로 토요일, 일요일은 쉬지 않는다. 축제일도 쉴 수 없다. 학원은 그때가 대목이기 때문이다. 그러니까 강사는 휴일이 없다는 말이다.

게다가 나는 생활지도 등도 담당하고 있었기 때문에 대개 밤 12시까지는 학원에 있는 날이 많았다. 1년에 약 50일 쉬는데 평일에 1주일에 1~2일 정도 쉰다. 매주 일정하지 않은 불규칙한 근무다.

하지만 관점을 바꿔 보면 불규칙이 '규칙'적으로 계속되면 그것도 규칙이나 마찬가지다. 매일 아침 10시부터 밤 12시까지 근무한다고 생각하면 된다.

남들이 다 쉬는 휴일에 쉬지 못한다고 불평을 하는 강사도 있다. 하지만 나는 어디를 가도 한가로운 평일에 쉬는 편이 좋다. 세상을 전세 낸 듯한 기분이 들기 때문에 이보다 좋을 수는 없다.

학원의 사무직 사원은 강사보다 쉬는 날이 적다. 백중맞이(음력 7월 보름날) 때 특별 지도, 정월에 특별 지도 등 1년 내내 특별 교육과정, 이벤트, 견학 등이 이어진다. 하지만 사업이라고 생각하면 그 정도는 당연하다.

나는 솔선해서 1월 1일 아침 첫 수업을 했다. 수험생에게 정월이란 없다. 누구나 싫어하는 시간대인데 내가 맡으니까 다른 강사들이 미안해 했지만 한편으로 아주 기뻐했다. 사실 대단한 일도 아니다.

1월 최초의 강의는 신선한 자극이 된다. 학생은 의욕에 넘쳐있으며 새해 복 많이 받으라는 인사 대신에 "합격하자!"라고 하면 나도 기운이 난다. 오히려 그렇게 기분 좋은 강의를 독점해서 미안할 따름이다. 하지만 다른 강사에게 양보하고 싶은 생각은 없다.

무엇보다 학생이 내 수업을 기다려주기 때문에 기뻤고 종종 힘이 되어 주었다. 예를 들어 내가 수업에 지쳐서 맥없이 의자에 앉아 있는 모습을 보면 "선생님, 좀 힘들어 보이세요"라고 말을 걸어주는 학생도 있다. "아침 10시부터 밤 10시까지 수업을 하려면 그렇지"라고 말하면 "그래도 선생님 강의는 이해하기 쉽고 재미있어요. 앞으로 열심히 할게요"라고 말했다. 나는 "오. 대견한 소리를 다 하네. 열심히 해"라고 대답하고 다시 강단에 선다.

아이들과 함께 하는 것은 정말 즐겁다. 하지만 그만큼 걱정도 있다. 아이들이 표정이 매일매일 변화하므로 그 모습을 보고 오늘은 안 좋은 일이 있었나, 혹시 괴롭힘을 당했나, 여러 가지 신경 쓸 일도 많기 때문이다.

실제로 날마다 문제가 발생하고 수습하다 보면 '어떻게 하루도 무사히 넘어가는 날이 없을까' 라는 생각이 든다. 그것이 학원의 하루하루다.

그러나 어느 시기부터 생각이 달라졌다. 문제가 계속해서 발생하고 그것을 극복하는 것이 우리들, 아니 사람의 일이다, 라고 생각하게 되었다. 이 사실을 깨닫고 나서 강사의 일이 한층 더 즐거워졌다.

지금 나는 일본 전역의 선생님들과 기쁨을 나누기 위해 노력하고 있다.

강사의 최대 기쁨은 학생의 합격이다

강사 시절 내가 '이 일을 선택하길 정말 잘 했다'라고 생각했던 때는 뭐니뭐니해도 합격자 발표날이었다. 시험에 합격해서 기뻐하는 학생들의 얼굴을 보면 그때까지 있었던 여러 가지 힘들었던 일이 머리 속에 되살아났다.

그 중에서 합숙이 가장 힘들었다. 합숙은 1주일 정도의 일정으로 아이들을 전부 숙박시설에 모아 놓고 공부를 시키는데 일정이 굉장히 빡빡하다. 아침 6시면 일정이 시작되는데 정확히 말하면 아침 6시부터 시험을 실시한다. 6시가 지나면 문을 닫아버리고 늦게 온 학생에게는 벌로 무릎을 꿇게 한다.

요즘은 무릎을 꿇게 하는 것은 체벌이기 때문에 폐지되었으리라 생각한다. 아무튼 학생도 강사도 아침부터 밤까지 시험 때문에 파김치가 된다. 시험 성적이 오르지 않으면 새벽 3시까지 공부를 시킨다. 그래도 다시 아침 6시 전에 일어나야 하므로 수험생은 채 3시간도 잘 수 없는 괴로운 팔자다.

강사 역시 힘들다. 매일 마지막에 1시간 정도 반드시 회의를 하기 때문에 수업이 새벽 3시까지 계속되면 새벽 4시가 넘어야 잠들 수 있다. 그리고 다음 날 강사는 5시 30분에 일어나니까 수면시간이 1시간 30분밖에 되지 않는다. 1주일 동안은 매일 이런 일정을 소화해야 한다.

솔직히 말해 강사가 먼저 지친다. 그러나 이런 교과과정을 짠 사람은 강사들 자신이다. 자신을 원망하는 수밖에 없다. 괴롭고 힘들기 때문에 모든 강사가 합숙을 싫어하고 그 때문에 강사를 모집할 때 고생을 한다.

대신에 자청해서 합숙에 참가한 강사는 모두 열정적이다. 이렇게 열정적인 강사들을 끌어 모았으므로 학생도 기운을 내고 합숙이 끝나면 많이 달라진다. 강사가 편하게 지내면 학생도 절대로 힘을 내지 않는다. 그래서 강사들은 아무리 졸리고 괴로워도 아침 5시 50분에는 강의실에서 학생을 기다린다.

이렇게 힘들었던 일도 합격자 발표라는 총결산의 날에 모두 날아가 버린다. 제자들이 합격해서 기쁨의 눈물을 흘리는 모습을 볼 수 있기 때문이다. 학생들의 아버지, 어머니도 울면서 "고맙습니다"라고 인사한다. 이때 나는 '강사를 하기 잘했다'라고 마음 깊이 느낀다. 녹화한 비디오만 봐도 다시 눈물이 솟아난다.

왜 나는 기쁜 것일까? 이 기쁨은 내 근무 성적이나 월급이 오르는 것과 아무 상관도 없다. 내가 강사로서 했던 일을 고마워하고 기뻐해 주는 사람이 있기 때문에 나도 기쁜 것이다. 내게 일의 기쁨은 사람을 기쁘게 한다는 그 한 가지다.

아이들도 마찬가지다. 확실히 아이들은 자신의 합격을 위해 노력한다. 동시에 부모가 기뻐하는 모습을 보고 싶어 한다. 따라서 자신을 위해 하는 공부가 부모를 기쁘게 하는 일이 되고 부모를 기쁘게 하는 공부가 자신을 기쁘게 하는 일이 된다.

이런 관계는 부모에게도 강사에게도 그대로 적용할 수 있다. 결국 무슨 일이든 열심히 하면 돌고 돌아서 남에게 도움이 되고 자신에게 도움이 된다. 학교라는 테두리뿐만 아니라 일반적인 일에서도 가정과 세상의 인간관계에서도 모두 그렇지 않은가, 라고 생각한다.

눈물의 S군 비화

이제 거의 이야기를 마무리할 단계인데 내가 강사가 되고 얼마 되지 않았을 무렵에 만났던 S 군을 소개하고 싶다. S 군은 중학교 3학년으로 여름, 아마도 6월에 학원에 들어왔다. 다소 특이한 면이 있어서 처음 인상은 그다지 좋지 않았다.

그는 강의 시간에 책상 위에 공책을 꺼내놓지 않았고, 숙제를 내도 공책에 해오지 않았다. 수학문제를 풀라고 시키면 노트에 풀지 않고 책이나 복사물 여백에 간단히 계산하므로 언제나 실수가 많았다. S 군은 공책이 한 권도 없었다.

"공책은 어디 갔니?"라고 물으면 잠자코 있었다. "말을 안 하면 알 수가 없잖아!" 그래도 침묵한다. "너 말이야. 선생님을 우습게 아는 거냐!" "아니에요" 비로소 입을 열었다.

다음에는 공책을 꼭 가져오라고 했더니 S 군은 "알겠습니다"라며 약속했다. 그런데 다음날 역시 공책을 가져오지 않았다.

"너, 공책 가져오라는 거 잊었어?" 또 말을 안 한다. "내일도 안 가져오면 어떻게 되는지 알지?"라며 다짐을 시켰지만 공책을 또 가져오지 않았다.

나는 머리끝까지 화가 나서 "그런 식으로 나한테 반항하는 거냐! 좋아, 알았다. 선생님이 공책을 줄게" 500매 정도 있는 복사용지 한 권을 책상 위에 탁 던졌다.

"이제 불만 없지. 앞으로 여기에 숙제를 해 와."

그러자 S 군은 "감사합니다"라고 인사했다. 맥이 풀리면서 '뭐냐. 이 녀석'이라고 생각했지만 다음날부터 복사용지에 숙제를 잘 해왔다.

한여름이 되어 날이 더워지자 우리 학급 학생이 S 군을 어떻게 좀 해달라고 호소했다. 냄새가 난다는 것이다. 항상 꼬깃꼬깃 더러운 티셔츠와 청바지를 입고 다녀서 냄새가 난다는 불만이었다. 그리고 보니 학원에 처음 왔을 때도 같은 옷차림이었다.

"S 군, 너 왜 그렇게 불결하니? 옷을 갈아입고 다녀야 할 거 아냐. 빈틈없는 생활이 빈틈없는 수험생활로 이어지는 거야. 그래야 합격할 수 있고. 그건 그렇고 너는 도대체 어느 학교에 들어가고 싶은 거냐?"

"K 고등학교에 들어가고 싶습니다"

그때 비로소 S 군이 어느 학교를 지원하는지 알게 되었다.

"너, K 고등학교라면 최고 명문 중의 명문으로 얼마나 들어가기 힘든 줄 알아? 이런 생활태도로 어떻게 하려고?"

이렇게 설교했지만 S 군의 옷차림은 달라지지 않았다. 학급 학생들은 그의 주위를 모두 비워 놓고 앉았다.

너덜너덜해진 참고서

이런저런 일이 있었기에 학부모 상담을 할 때 S 군에 대해 이야기를 해야겠다고 생각했다. 그날 S 군의 어머니는 한쪽 손으로 어린 남자아이를 끌고 왔다. S 군의 남동생은 머리카락이 흩어져 있고 낡은 옷을 입고 있었다. 그다지 깔끔한 차림새는 아니었다.

"항상 신세를 지고 있습니다"라고 인사하는 어머니에게 S 군이 공책을 가져오지 않았던 일, 같은 옷을 입고 다녀서 주위에 상당히 폐를 끼치고 있다고 설명을 하고 "아니, 도대체 어떻게 된 거죠?"라고 다그쳤다. S 군의 어머니는 띄엄띄엄 이야기했다.

"그 아이는 초등학교 때부터 이 학원에 다니고 싶어했어요. 열심히 공부해서 K 고등학교에 꼭 들어가기를 원하거든요. 그것이 아이의 꿈입니다. 하지만 선생님, 저희 집은 돈이 없습니다."

구체적인 이야기를 들어보니 남편과 사별하고 경제적으로 어려운 상황에 처했다고 한다. 어머니는 줄곧 간호사로 일하며 여자 혼자 몸으로 아이들을 키웠다. 이야기를 듣고 나는 아무 말도 할 수 없었다.

"선생님, 사실은 그 아이가 중학교에 입학하자마자 이 학원에 보내고 싶었습니다. 하지만 돈이 없어서 중학교 3학년이 되면 보내 주겠다고 참으라고 했어요. 2년 동안 절약해서 겨우 돈을 모았고 그 돈으로 여름이 되어서야 학원을 보낼 수 있었죠. 공책을 살 돈이 없어서 선생님께 신세를 졌습니다. 아들이 복사 용지를 받고 아주 좋아했어요. 고맙습니다."

나는 어머니에게 사죄했다. 죄송하다는 말과 함께 머리를 깊이 숙이고 1분 정도 들지 않았던 것 같다. S 군에게도 사과했다.

"미안하다. 정말 미안해. 미안. 선생님을 용서해라. 난 전혀 몰랐어. 하지만 너도 나쁘다. 그런 말을 해 줬으면 좋지 않니. 그래, 입을 것이 없었구나."

공책을 살 수 없을 정도이니 옷은 엄두도 내지 못했을 것이다. 명문학교를 목표로 하는 이 학원에 다니는 아이들은 대부분 유복한 가정의 자녀다. 새 필기도구나 문구용품이 없어져도 바로 새것을 구입하기 때문에 찾지 않는다. 학원에는 아이들이 잃어버린 물건이 잔뜩 쌓여 있다. 그래서 나는 아이들이 1개월 이상 찾아가지 않은 것을 전부 S 군에게 주었다.

"이 걸로 열심히 공부해. 공책도 선생님이 가져다 줄게." 이렇게 말하자 S 군은 굉장히 기쁜 표정을 지었다. 나도 그 모습을 보고 정말 기뻤다.

이 학원에서 공부하는 것이 꿈이었다고 말할 정도였으므로 그는 열심히 공부했다. 다른 아이는 참고서를 여러 종류 구입하는데 S 군은 1권밖에 없다. 참고서 1권을 철저히 여러 번 반복해서 공부했다.

그래서 종이 끝 부분이 점점 말아 올려져 참고서가 배로 두꺼워졌다. 책이 이렇게 될 수도 있다는 것을 처음 알았다. 결국 종이가 한 장씩 떨어져나가 참고서가 너덜너덜해졌다. 그래서 내가 투명테이프로 붙여 주었더니 S 군이 참 좋아했다.

공부 잘하는 아이는 질문 방식부터 다르다

열심히 공부하는 S 군이었지만 K 고등학교를 목표로 하는 학생들은 모두 중학교 1학년부터 맹렬히 공부한 수재들이었다. 그는 평범한 공립중학교에서 공부했고 이 학원에 중학교 3학년, 그것도 6월에 들어왔다. 그 동안 경쟁자들은 상당한 실력을 쌓았다. 학원에 들어올 당시의 S 군 성적은 거의 꼴찌에 가까웠으므로 솔직히 따라가기 버거운 상태였다.

하지만 강의에 대한 의욕은 대단해서 절대로 빠지지 않았다. 설령 열이 나고 몸이 아플 때도 반드시 학원에 나와 시험을 치렀다. 매일 밤늦게까지 남아 내게 귀찮을 정도로 끈질기게 질문했다.

이런 학생에게는 나 역시 열정적으로 가르치게 된다. 나는 S 군을 오후 4시까지 오라고 했다. 강의는 오후 7시부터 시작되므로 3시간의 여유가 있다. 그 중에 1시간만 강의 준비를 하는데 사용하고 2시간은 S 군을 지도했다. 그는 기쁜 마음으로 학원을 다녔다.

그리고 저녁 강의가 끝나면 남으라고 해서 11시까지 지도해주었다. 물론 S 군만 특별 대우를 하면 문제가 되므로 원하는 학생은 함께 남아서 공부하도록 했다.

S군의 성적이 점점 오르더니 9월 말 시험에서 700명 가운데 상위 10명 안에 들었다. 최초의 성적과 비교하면 믿기 어려울 정도로 놀라운 성장이었다. 그의 필사적인 노력을 알고 있기에 나는 "잘했다. 아주 잘했어"라고 칭찬해주며 입시에서 합격한 것도 아닌데 눈물을 흘렸다. 나는 학생을 울리기만 한 것이 아니라 종종 울기도 했다.

하지만 K 고등학교에 확실히 붙으려면 지금까지 해 온 기본 수준의 문제뿐만 아니라 최고 수준의 문제가 실린 참고서로 공부해야 했다. S군이 기본 문제를 모두 풀어 100점을 받는다고 해도 K 고등학교 입시에는 어려운 문제가 많이 출제된다.

하지만 새 참고서를 구입할 만한 경제적 여유가 없다는 사실을 나는 잘 알고 있었다. S군만 편애해서는 안 된다는 것을 너무나 잘 알지만 최고 수준의 문제집을 몰래 사서 건네주었다.

"K 고등학교에 들어가려면 이 정도 문제는 풀어야 해. 해 볼래?"라며 주었더니 1주일만에 문제를 모두 풀어 왔다.

그것도 3번이나 풀고 "선생님, 이 부분이 이해가 되지 않습니다"라며 질문을 했다.

공부 잘하는 아이는 질문 자체가 다르다. 굉장히 정확하게 "이 문제는 여기까지 생각하고 이렇게 해 보았지만 아무래도 답이 안 나옵니다. 여기부터 이곳 사이에 잘못이 있는 거 같은데요. 어디가 잘못되었습니까?"라고 물어 온다.

공부를 못하는 아이는 "선생님, 모르겠어요. 이 문제가 어려워서 못 풀겠어요"라고 막연하게 말한다.

S 군과 같이 예리하게 질문을 하면 이쪽도 의욕이 생겨 쉽게 가르쳐 줄 수 있다. 사고방식의 순서를 해설한 다음 "이렇게 바꾸면 이런 문제가 돼. 그러면 이 부분이 달라지므로 조심해야 해"라고 응용까지 알려주자 실력이 점점 향상되었다.

실제로 S 군의 실력은 크게 늘어서 K 고등학교에 확실히 합격할 수 있는 수준에 도달했다. 그리고 해가 바뀌어 입시 당일이 찾아 왔다.

예상하지 못했던 결과

나는 학생들을 격려하기 위해 K 고등학교에서 기다리고 있었다. S 군이 제일 먼저 왔다. 시험 시작까지 1시간 정도 남았다. 입시철이 겨울이라 그렇게 빨리 와 봤자 춥기만 할 뿐 좋은 점은 없었다. "바보 같이 왜 이렇게 빨리 왔어"라고 말하며 S 군을 쳐다보니 온몸을 부들부들 떨고 있었다. 그도 그럴 것이 교복을 입고 그 안에 티셔츠 1장만 입고 있었던 것이다.

그러니 당연히 추웠을 것이다. 학원에서 준비한 일회용 손난로는 1명당 1개씩 줘야 하는데 나는 8개를 S 군의 주머니 속에 넣어주고 그의 오른손을 어루만지며 말했다.

"오늘 시험을 볼 때 오른손은 신의 손이나 마찬가지다. 오른손을 잘 사용해야 해. 추워서 손이 곱으면 답을 쓸 수가 없잖니. 문제를 차분히 잘 풀기 바란다."

K 고등학교의 시험은 이틀에 걸쳐 실시되었다. S 군은 다음 날도 제일 먼저 나타나 무사히 시험을 치렀다. 내가 잘 보았냐고 물었더니 "모르겠어요"라고 대답했다.

합격자 발표는 시험 다음날 저녁에 했다. 발표 시각보다 일찍 K 고등학교에 도착하니 게시판에는 아무것도 붙어 있지 않았다. 학생들도 아직 오지 않았다.

초조한 마음으로 기다렸더니 정각에 합격자 명단이 써 있는 종이가 붙여졌다.

K 학원에서는 번호가 아니라 이름을 표시했다. 나는 가장

먼저 S 군의 이름을 찾았다.

'있다! S 군의 이름이 있다!'

학원 아이들의 이름이 많이 있었다. 하지만 나는 그 순간은 S 군 이름만으로 충분히 기뻤다. 다른 강사에게 학생들의 이름을 일일이 확인하라고 시켰다. 가슴이 뭉클해지며 눈물이 났다.

그 사이 학생들이 하나 둘 모여들기 시작했다. 합격해서 기뻐하는 학생도 있었고 떨어져서 우는 학생도 있었다. 희비가 교차되는 순간이었다. 나는 S 군에게 축하의 인사를 하려고 기다렸지만 좀처럼 나타나지 않았다. 겨울에는 해가 빨리 진다. 사방이 어두컴컴해지고 사람의 왕래가 뜸해졌지만 그때까지 S 군은 오지 않았다.

입시기간이지만 학원에서는 수업을 진행했다. 나는 다른 강사에게 내 수업을 부탁하고 좀 더 기다리기로 했다. S 군은 오후 7시가 넘어서 왔다. 마치 어둠 속에서 한줄기 조명이 비쳐지듯 S 군이 나타났고 어머니의 모습도 보였다. 나중에 들으니까 어머니의 일이 끝날 때까지 기다렸다가 같이 왔다고 한다.

설마 내가 그때까지 있으리라고는 생각하지 못한 듯 S 군은 무척 놀라는 눈치였다. "왜 이렇게 늦었어?"라고 말했더니 "선생님, 어떻게 됐어요?"라고 물었다.

"무슨 소리야. 네가 시험을 친 결과야. 직접 확인하고 와. 게시판은 저쪽에 있어."

S군은 허둥지둥 달려갔다. 내가 심각한 얼굴로 있으니까 떨어졌다고 생각한 모양이다. 어머니도 그렇게 생각하는 것 같았다. 내가 어머니에게 "축하합니다. 합격했어요"라고 하자 "선생님, 고맙습니다"라며 흐느꼈다.

나는 얼른 S군을 쫓아갔다. 그는 게시판 앞에서 웅크리고 앉아 울고 있었다.

"해냈어. 잘했어. 너는 4월부터 K 고등학교 학생이야."

그러자 S군이 일어나서 내게 말했다.

"선생님, 저는 K 고등학교에 가지 않겠습니다."

그는 공립학교인 T 고등학교에 가서 열심히 하겠다고 했다. T 고등학교는 공립학교로서는 당시도 지금도 최고 위치에 있다. 훌륭한 학교이지만 나는 정말 놀랐다.

감동은 돌고 돌아 자신에게 도움이 된다

내게 여러 번 인사를 하고 S 군과 어머니는 시험 발표장을 떠났다.

그들을 배웅하는 동안 목구멍까지 'K 고등학교의 등록금 내가 대주면 안 될까?' 라는 말이 올라왔다. 하지만 말하지 못했다. 최선을 다해 살고 있는 어머니를 보면서 도저히 그 말을 할 수 없었다. 실례라든지 그런 문제가 아니다. 그의 가족이 고귀하며 그들에게 그런 건 필요가 없다고 생각했기 때문이다.

처음부터 S 군은 합격해도 K 고등학교에 들어갈 수 없다는 사실을 알고 있었다. 그런데도 피나는 노력으로 합격했다. 이보다 고귀한 행동은 없다고 생각한다. 최대한 S 군이 하고 싶어하는 대로 하게 해준 어머니 역시 고귀하다.

S 군은 대단한 학생이었다.

3년 후 기쁜 소식을 발견했다. 도쿄대학교와 교토대학교 합격자 명단이 주간지에 게재되었는데 그 안에 S 군의 이름이 있었던 것이다. K 고등학교의 합격자 발표 이후 나와 S 군은 연락을 주고받은 적이 없다. 나는 그가 '해냈다!' 라고 생각했다. 강사라는 사실이 과분할 정도로 고맙게 느껴졌다.

나는 S 군이 K 고등학교에 가지 않겠다고 말했을 때 정말로 놀랐고 맥이 탁 풀렸다. 하지만 "왜?"라고 말을 건네는 순간 알아차렸다. 어머니도 뭔가를 말하고 있었다. 그래서 나는 S 군에게 바로 "그렇구나. 알았다. 여러 가지 인생이 있을 수 있으니까 어쩌면 잘 된 건지도 몰라. T 고등학교에 진학한 다음에는 어떻게 할 거야? 대학은 어디에 가려고?"라고 질문을 변경했다.

도쿄대학이나 교토대학이라고 답했던 기억이 있다. 하지만 그것은 문제가 아니다.

"어머니께 효도해라. 열심히 공부하고. 힘든 일이 있으면 선생님에게 연락해."

우리는 이렇게 헤어졌고 지금까지도 서로 연락하지 않고 있다.

하지만 나는 만족한다. 강한 사람은 연락 같은 것을 하지 않는다. 내가 걱정하지 않아도 강하고 착실하게 S 군은 살고 있다. 대학교 합격자 명단을 보고 그 사실을 확인했으며 그보다 좋을 수는 없기 때문이다.

✳ 에 필 로 그

    나는 학생 등 여러 사람에게 감동을 주려고 했는데 오히려 내가 그들에게 많은 감동을 받았다. 사람을 감동시켜서 울게 하라고 말하면서 오히려 내 자신이 울었고 커다란 힘에 마음이 움직였다.

    때로는 교육자라는 일의 어려움 때문에 좌절도 했지만 기쁨과 행복에 위로를 받아 열심히 일할 수 있었다. 멋진 일을 만나는 것은 최고의 행복이다.

    나는 명문 사립고등학교를 목표로 하는 입시학원에서 고액의 강사료를 받으며 일했다. 평범한 가정에서는 지불하기 어려울 정도로 학원비가 비쌌기 때문에 다닐 수 있는 학생은 제한되어 있었다. 부모라면 누구나 자신의 아이가 좋은 교육을 받으며 열심히 공부하기 바란다. 아무리 우수하고 학업에 대한 의욕이 넘치며 학원에 다니고 싶더라도 그럴 수 없는 학생들이 많다. 내가 알고 있는 S 군도 형편이 안 좋았다.

전부터 갖고 있었던 학생들에게 '어떻게든 도움이 되고 싶다'는 마음이 서서히 고개를 들기 시작했다. 어쩌면 지금이 좋은 기회인지도 모른다. 학생들과 직접적인 접촉은 줄어들지만 그들을 지도하는 '교사들과 열정적으로 만나고 싶다'는 생각을 했다.

내가 갖고 있는 노하우를 교사들에게 전수함으로써 학생과 뜨겁게 교류하는 감동을 만들어내면, 간접적이기는 하지만 교사의 가르침에 학생들도 감동을 받아 열심히 공부할 것이다.

나는 교사들에게 적어도 1년에 한 번은 시험장에서 간절한 마음으로 있어 봐야 한다고 말한다. 여러 가지 사정은 있겠지만 공립중학교와 공립고등학교 교사 가운데 시험장에 따라가는 사람은 극히 드물다.

어쩌면 교사들도 학생들을 응원하러 가고 싶은 마음은 있는지 모른다. 이런 마음이 있다면 바로 실천하기 바란다. 자신이 가르치는 학생이 시험을 보러 가는 것이다. 결코 전혀 모르는 남이 아니다. 입시가 아니라 취직 시험이라도 함께 가서 격려의 말이라도 한마디 해주면 좋겠다.

합격자 발표장에서 손을 맞잡고 기뻐하거나 눈물을 흘리

면 합격, 불합격과 상관없이 교사들 자신도 미래로 나아가는 힘을 기를 수 있다.

나는 내가 갖고 있는 교육에 대한 열정과 기술, 노하우를 남김없이 교사들에게 전수하겠다는 결심으로 학원을 떠났다. 만일 그곳에 계속 있었다면 부학원장으로 승진했을 것이다. 내가 "죄송합니다. 학원을 그만두겠습니다"라고 이야기했을 때 만류하는 사람이 많아서 내심 기뻤다.

하지만 그대로 머무를 수는 없었기에 "좀 더 공부하겠습니다"라는 말로 이별을 고했다. 지금부터는 학생들에게 했던 이야기를 내 자신이 실천해야 한다.

나는 현재 능력 훈련 회사라는 새로운 일터에 서있다. 사랑하는 아이들과 직접 만날 기회는 없어졌지만 교사들에게 조언을 해 줌으로써 내가 전에 느꼈던 다양한 기쁨을 공유하고 있다. 어떤 상황이든 감동은 모든 것의 원점이라는 사실은 분명하다.

끝으로 이 책이 나올 수 있도록 도와준 모든 분들에게 진심으로 감사드린다.

기노시타 하루히로